UN TROUBLE INVALIDANT ET RÉSISTANT

La dyslexie, qui touche près de 5 % de la population d'âge scolaire, est actuellement reconnue comme un handicap. Ce trouble spécifique de l'apprentissage du langage écrit interdit tout accès facile à la lecture et à l'écriture, et l'enfant dyslexique ne parvient pas à cette automatisation qui fait oublier que l'on a dû un jour apprendre à lire. Les difficultés d'acquisition du langage écrit se répercutent progressivement sur l'ensemble des apprentissages, où le recours à l'écrit s'avère rapidement indispensable. Face aux échecs répétés qu'il rencontre malgré ses efforts, l'enfant tend à se décourager et à perdre toute confiance en lui. En l'absence de prises en charge adaptées, les incidences peuvent devenir majeures, tant sur le plan psychologique que social. L'action conjointe des différents intervenants (famille, enseignants, soignants) est fondamentale pour éviter ce risque d'engrenage face à un trouble particulièrement résistant. Ce livre s'intéresse aux mécanismes d'acquisition du langage écrit et aux difficultés rencontrées par l'enfant et l'adulte dyslexiques, et propose des axes d'intervention pour prévenir ce trouble et y remédier.

Définition(s)

La définition du terme de « dyslexie » est particulièrement délicate ; elle recouvre une réalité plus ou moins large en fonction des points de vue adoptés.

De la « dys-lexie »...

L'étymologie permet d'identifier rapidement le sens du mot « dyslexie » : au radical « lexie », qui désigne la lecture, est accolé le préfixe « dys » signifiant un mauvais fonctionnement. L'appellation « dyslexie » s'applique donc étymologiquement à tout dysfonctionnement de la lecture, par opposition à une « bonne » lecture. Dès la définition apparaît ce qui a suscité – et continue de susciter – de nombreux débats selon que l'on considère le terme dans une acception plus ou moins large.

Définition de la dyslexie

« Difficulté durable d'apprentissage de la lecture et d'acquisition de son automatisme chez des enfants intelligents, normalement scolarisés, indemnes de troubles sensoriels et de troubles psychologiques préexistants. »
Organisation mondiale de la santé.

... à la « Dyslexie »

Le champ d'application du terme de « dyslexie » est plus réduit dans le vocabulaire médical où il désigne alors un trouble spécifique des apprentissages du langage écrit, par opposition aux troubles dits « non spécifiques ». Cette définition répond à l'objectif de mieux cerner la spécificité du trouble, dans un premier temps par opposition à ce qu'il n'est pas. Un certain nombre de facteurs d'exclusion ont été déterminés : la dyslexie est à distinguer d'une déficience intellectuelle ou sensorielle (visuelle et auditive), d'une atteinte neurologique ou d'un trouble psychologique grave. Sont également exclus des facteurs pédagogiques et sociaux : seuls des sujets ayant bénéficié de conditions d'apprentissage du langage écrit normales dans un milieu socioculturel non carencé peuvent être qualifiés de dyslexiques.

Face à la complexité de l'application d'une telle définition, des nuances sont apportées; on peut ainsi évoquer « *la possibilité de handicaps multiples et d'une coïncidence avec un milieu socioculturel peu favorable; toutefois, ces conditions associées ne doivent en aucun cas être considérées de caractère causal* » (conclusions d'un comité national d'experts en 1975). Le but est donc de parvenir à isoler ce qui relève uniquement d'un dysfonctionnement des mécanismes de la lecture.

Un trouble durable

Une fois différenciée des autres pathologies, la dyslexie doit également être distinguée de la « normalité », c'est-à-dire des simples retards d'acquisition du langage écrit qui ne relèvent pas d'un dysfonctionnement spécifique. Une des marques essentielles de la dyslexie est son caractère durable. Le diagnostic ne peut donc être clairement établi que lorsque l'enfant présente un retard supérieur à 18 mois entre les performances attendues en fonction de son âge et de son développement cognitif*, et celles observées lors des différents tests d'évaluation. L'aspect fluctuant des réalisations est également une caractéristique des troubles dyslexiques, l'identification des mots ne semblant jamais réellement assurée : un mot bien lu à un moment ne le sera pas à un autre.

L'absence de diagnostic ferme avant 8 ans ne doit pas empêcher la mise en place d'un soutien adapté lorsqu'un enfant rencontre des difficultés, quelles qu'en soient les causes pressenties, car il est important d'intervenir rapidement. S'il s'agit de problèmes passagers tels que peuvent en rencontrer les enfants en début d'apprentissage, ils céderont généralement facilement et la prise en charge sera de courte durée; on évitera ainsi que les difficultés ne s'installent par désinvestissement ou blocage. Les troubles dus à la dyslexie seront au contraire persistants et nécessiteront bien souvent une prise en charge sur plusieurs années.

Pourcentage

La dyslexie existe dans tous les pays, selon des proportions et des caractéristiques variables en fonction des systèmes linguistiques utilisés par chaque langue écrite. On estime d'une manière générale que 15 % des enfants scolarisés éprouvent des difficultés dans l'acquisition de la lecture et de l'écriture, et que 3 à 6 % peuvent être considérés comme dyslexiques – dont 1 % de cas sévères.

La dyslexie est définie comme un trouble spécifique des apprentissages du langage écrit, répondant à des critères précis.

Petite histoire de la dyslexie

Lire est perçu au départ comme un acte où la vision joue un rôle prédominant. De ce fait, la dyslexie a d'abord suscité plus particulièrement l'intérêt des ophtalmologistes.

Premières recherches

Un des premiers cas d'enfant dyslexique est rapporté en 1896 par un médecin anglais, P. Morgan : il s'agit d'un jeune garçon de 14 ans qui, malgré une intelligence brillante, se montrait incapable de lire. Morgan parle alors de « *cécité verbale* congénitale* », insistant d'emblée sur l'hypothèse d'un déficit visuel. À la même époque, des ophtalmologistes présentent d'autres cas similaires, en particulier J. Hinshelwood, qui rassemble dans une publication en 1917 un nombre important d'études cliniques. N'ayant mis au jour aucune pathologie ophtalmologique, il avance alors l'hypothèse d'une origine cérébrale des troubles, sur le modèle des pathologies acquises de la lecture chez les adultes, les alexies*, utilisant par analogie le terme de « dyslexie ».

Témoignage d'un garçon dyslexique de 14 ans en 1896

« Je ne comprends pas ce que j'ai : je suis intelligent, doué pour les mathématiques ; si mon professeur ne cotait que mes réponses orales, je serais premier de classe ; mais malheureusement, je suis dernier parce que mes camarades même peu doués apprennent sans difficulté ce qui malgré tous mes efforts m'est impossible : lire et écrire. »

Cité par Anne Van Hout, Françoise Estienne, *Les Dyslexies*, 1994.

Un dysfonctionnement cérébral

Les recherches sur la dyslexie se développent sous l'influence des avancées de la neurologie. Des dissections *post-mortem* de patients aphasiques* – atteints de troubles du langage à la suite de lésions cérébrales – permettent d'identifier des régions du cerveau plus particulièrement impliquées. Un neurologue français, J. Déjerine, décrit ainsi en 1891 un cas de « *cécité verbale acquise* », où le patient est devenu incapable de lire et d'écrire à la suite d'un accident cérébral touchant le gyrus angulaire* de l'hémisphère gauche. Il fait l'hypothèse que les troubles sont dus à une atteinte de cette petite région intermédiaire entre les zones langagières et visuelles, « *centre de la mémoire optique des lettres* », ou, selon les cas, à une déconnexion entre les différentes zones concernées. S'inspirant de ce modèle, J. Hinshelwood attribue les troubles de lecture chez l'enfant à une atteinte fonctionnelle congénitale du gyrus angulaire.

Une hiérarchie non respectée

Dans les années 1920, le neuropathologiste américain S. Orton examine près de 3 000 enfants dyslexiques et défend la thèse d'une perturbation plus générale touchant la dominance cérébrale. L'hémisphère gauche, dont le rôle est généralement prépondérant dans les tâches langagières, ne serait plus suffisamment dominant. L'hémisphère droit viendrait alors le concurrencer, créant ainsi des désordres tels que des inversions de lettres. L'idée qu'une dominance particulière perturberait le fonctionnement du cerveau s'est révélée stimulante, et de nombreuses recherches continuent d'être menées, bénéficiant actuellement des techniques d'imagerie cérébrale*.

Une dissociation

L'observation des patients adultes ayant des troubles acquis du langage écrit a permis de décrire différents types de perturbations. Certains ne parviennent pas à lire des mots inconnus alors qu'ils ont toujours accès aux mots mémorisés. Pour d'autres, le processus est inversé : ils perdent cet accès direct au vocabulaire et ne peuvent lire qu'en déchiffrant lettre par lettre. De cette dissociation est née la distinction entre la dyslexie phonologique* (perte du déchiffrage) et la dyslexie de surface* (perte de l'accès direct), parallèlement à l'établissement du modèle de lecture à deux voies (J. Marshall et F. Newcombe) (*voir* p. 60) toujours largement utilisé. Lorsque les deux formes se mêlent, on parle de dyslexie mixte.

Une certaine confusion

Dès sa naissance – attribuée à un médecin allemand R. Berlin en 1887 –, le terme de dyslexie prête à confusion, au point que certains préfèrent l'éviter. Réservé *a priori* aux troubles du développement chez l'enfant, il est parfois utilisé à propos des pathologies acquises (dyslexies profonde et de surface). Pour plus de clarté, on parle de dyslexie de développement* pour les enfants.

Les premières théories de la dyslexie se sont bâties sur les avancées de la neurologie et de la neuropsychologie*.

La (ou les) dyslexie(s)

Il est difficile de parler de la dyslexie au singulier car elle revêt des formes multiples.

Une différence de degré

La dyslexie affecte le langage écrit selon des degrés divers. Elle peut se traduire par une impossibilité à acquérir la lecture, et cela sans raison apparente. Certains enfants restent hermétiques à l'univers signifiant de l'écrit, comme s'il leur était totalement étranger. L'intrication de nombreux facteurs (linguistiques, cognitifs*, psychiques, sociaux, culturels, pédagogiques) rend le problème particulièrement complexe. D'autres, présentant des troubles de type aphasique*, ne parviennent pas à entrer dans l'écrit malgré leur désir d'y arriver – les dysfonctionnements linguistiques ressemblent à ceux des sujets aphasiques alors qu'aucune lésion cérébrale n'a été décelée. Mais le plus souvent, la dyslexie prend des formes moins sévères.

La dyslexie de surface

« La dyslexie de surface est l'objet d'interrogations car elle apparaît, au gré des études, comme un simple retard d'apprentissage, comme une conséquence des troubles phonologiques, voire comme la résultante d'un trouble périphérique visuel et attentionnel. »
Monique Plaza, *in Troubles spécifiques des apprentissages : l'état des connaissances*, sous la dir. de Catherine Billard, Monique Touzin, 2004.

Des erreurs « typiques »

Un certain nombre d'erreurs sont décrites comme caractéristiques de la dyslexie. Elles concernent l'identification des lettres : des confusions auditives (le « bain » sera lu « pain ») ou visuelles (« ua » pour « na »), des inversions (« ni » pour « in », « gra » pour « gar »). Elles consistent également en une appréhension globale approximative des mots à partir d'indices plus ou moins nombreux (« chapiteau » pourra être lu « chinois » ou « chapeau »), avec de fréquentes substitutions, en particulier des petits mots usuels (« un » pour « le »). Des mots peuvent être oubliés, ou des lignes sautées.

Ces confusions sont multiples et variées, et ne signent pas en elles-mêmes la dyslexie. Elles apparaissent en effet souvent en début d'apprentissage pour ensuite s'estomper. Il arrive aussi à tout lecteur expert* qu'une interférence l'amène à lire un mot pour un autre – à l'origine parfois de véritables « lapsus » de lecture. Ce qui est caractéristique de la dyslexie est la fréquence et la persistance de ces erreurs.

Une prédominance phonologique

Le modèle de lecture à deux voies, né de la pathologie acquise des adultes cérébro-lésés, sert à nouveau de référence, de même que l'opposition entre dyslexie de surface* et dyslexie phonologique* (*voir* p. 60). La voie d'analyse dite d'« assemblage* » (« v + é + l + o ») est perturbée dans la dyslexie phonologique, alors que la voie d'accès direct, dite d'« adressage* » (« vélo » : activation directe du mot stocké en mémoire lexicale), est déficiente dans la dyslexie de surface. Cette dichotomie est actuellement remise en cause dans le cadre développemental, au profit d'un trouble phonologique dominant. Chez l'enfant, les deux voies fonctionnent de manière particulièrement interactive pendant cette phase d'apprentissage. Le stock lexical écrit n'étant pas encore constitué, l'enfant procède au départ principalement par déchiffrage – mouvement qui s'inverse par la suite. Lorsque le déchiffrage est déficient, la voie d'adressage est de peu de secours, le vocabulaire mémorisé restant encore limité. Toutefois, « *la mise en évidence de cas démontrant d'excellentes performances en lecture de mots réguliers et irréguliers malgré un trouble phonologique massif* [...] *suggère que des mécanismes d'une autre nature contribuent également à la mémorisation des connaissances lexicales* » (Expertise collective, Inserm, 2006). La complexité des mécanismes amène d'autres modèles – en particulier connexionnistes – à privilégier une conception plus interactive des différents processus en jeu dans la lecture.

La dyslexie « visuo-attentionnelle »

Elle est liée à un trouble de la reconnaissance visuelle des mots (en dehors de toute atteinte de l'acuité visuelle) en relation avec des difficultés attentionnelles localisées. On tend actuellement à distinguer une dyslexie phonologique majoritaire et une dyslexie visuo-attentionnelle sans trouble phonologique.

La dyslexie phonologique est la forme la plus fréquente, mais d'autres sont également décrites, telle la dyslexie visuo-attentionnelle*, ainsi que des formes mixtes.

Une drôle d'écoute

La lecture repose sur la mise en relation d'un premier système symbolique, la parole, avec un second, l'écriture. Dans les langues alphabétiques*, aux phonèmes* (unités de la parole) correspondent les graphèmes* (unités de l'écrit composées d'une ou plusieurs lettres, telles que « s », « ch » ou « ain »).

Phonologie et surdité

D'après Ferdinand de Saussure, *« dans son essence, le phonème n'est aucunement phonique, il est incorporel, constitué, non par sa substance matérielle, mais uniquement par les différences qui séparent son image acoustique de toutes les autres »* (*Cours de linguistique générale*, 1916). Il arrive ainsi que certains sujets ayant une surdité profonde acquièrent un bon niveau de lecture, s'appuyant vraisemblablement sur des informations phonologiques abstraites.

Une connaissance d'abord implicite

Il est actuellement reconnu qu'il existe chez les sujets dyslexiques une difficulté à reconnaître et manipuler les catégories sonores de leur langue (la conscience phonologique*). Ces catégories sont plus ou moins larges, allant de la syllabe (nou-nours) au phonème (/n/ /ou/ /n/ /ou/ /r/ /s/) en passant par la rime (/ours/). L'enfant se montre sensible de bonne heure aux rimes, familiarisé au retour régulier de sonorités dans les berceuses et comptines. La syllabe est facilement repérable du fait qu'elle recouvre une unité articulatoire, bien mise en valeur par la rythmicité des chansons enfantines. Toutes ces reconnaissances sont au départ implicites : l'enfant n'a pas conscience des composants formels de la parole, il joue avec les sons dans un plaisir auditif et articulatoire. La conscience phonologique n'apparaît que plus tardivement, vers 5-6 ans, parallèlement au début de l'apprentissage de l'écrit.

Une mise en perspective

Le langage écrit, codage de deuxième niveau, repose sur une mise à distance du système linguistique qui devient objet d'analyse. Cela n'est possible que lorsque l'enfant atteint une maturité suffisante pour commencer à dissocier la signification et la forme des énoncés. Contrairement aux rimes et aux syllabes déjà perçues intuitivement dans la parole, l'identification des phonèmes demande le plus souvent un apprentissage explicite. L'enfant a expérimenté les différents sons que produit sa bouche, en émettant des vocalisations /aaa/ et des bruits /bbb/ divers, mais il ne les a pas identifiés comme unités distinctes ainsi que sa conscience phonologique naissante lui permet de le faire. Celle-ci entretient avec l'apprentissage de l'écrit des relations de réciprocité : nécessaire au départ à l'amorçage du décodage, elle profite à son tour de la pratique de la lecture, qui, par son aspect visuel et analytique, favorise son développement. Son déficit chez les sujets dyslexiques entraîne donc une perturbation précoce dont les répercussions pourront être durables.

Le primat du sens

Jusqu'aux environs de 5 ans, l'enfant ne dissocie pas la forme et le sens d'un mot. Si on lui demande quel est le mot le plus long entre « train » et « locomotive », il répond « le train ».

Un surplus de nuances

Bien qu'issus de la réalité sonore de la parole, les phonèmes ne se réduisent pas à des sons. Ils constituent un ensemble d'entités abstraites définies par opposition les unes avec les autres (les phonèmes /p/ et /b/ permettent de différencier « palais » et « balai ») et se décomposent en traits phonétiques élémentaires susceptibles de varier selon le contexte. Leur nombre change selon les systèmes linguistiques et l'évolution des langues.

Au départ, l'enfant perçoit l'ensemble des sons existant dans les différentes langues. À partir de 6 mois, certains contrastes sont renforcés au détriment d'autres moins prégnants, constituant ainsi le système phonologique particulier à sa langue. Le sujet dyslexique continuerait pour sa part à percevoir des différences phonétiques non pertinentes dans son système linguistique, gênant l'identification de phonèmes bien individualisés. Cette difficulté de catégorisation est révélée par l'apprentissage de l'écrit.

La nécessité, pour accéder à l'écrit, de procéder à une analyse fine de la parole met en évidence une difficulté des sujets dyslexiques à percevoir précisément les phonèmes constitutifs de la langue.

Et la vision ?

La question de déficits éventuels liés à la vision continue de susciter de nombreuses recherches.

Saccades et fixations

Pendant la lecture, le regard n'avance pas de façon continue, mais par saccades, petits mouvements rapides au cours desquels les yeux se fixent sur le mot en fonction de sa longueur, le point de visée s'effectuant légèrement à gauche par rapport au centre. Une seule fixation est généralement nécessaire par mot, en dehors des petits mots grammaticaux où il n'y a pas d'arrêt du regard. Le temps de fixation est fonction de la familiarité lexicale du mot lu, ce dont témoigne l'effet de fréquence : plus le mot est fréquent, plus la durée de fixation sera courte. Le regard a des mouvements de régression, variables selon le type de texte : de 3 % pour un roman facile à 18 % pour un livre de biologie (K. Rayner et A. Pollatsek).
Chez le lecteur débutant, les saccades sont plus nombreuses, de même que les retours en arrière ; les temps de fixation sont plus longs. Le positionnement du regard évolue rapidement : dès 7-8 mois d'apprentissage, une seule saccade suffit pour identifier un mot. Le temps de fixation diminue progressivement en fonction de la constitution du lexique interne du lecteur. L'observation du mouvement des yeux du sujet dyslexique a permis de constater la persistance des caractères spécifiques du début d'apprentissage. On considère qu'il s'agit plutôt là d'une conséquence des difficultés représentées par l'acte de lecture que d'une cause.

Une organisation efficace

L'empan – quantité d'informations traitée au cours d'une fixation – varie en fonction de l'organisation de ce qui est à lire. Le psychologue américain Mc Cattell montre en 1885 que le lecteur, au cours d'une présentation rapide, identifie 4 ou 5 lettres disposées de façon aléatoire, alors qu'il reconnaît 2 mots (10-12 lettres) dans une suite de mots, et 4-5 mots (25 lettres) dans le contexte d'une phrase.

La fenêtre visuo-attentionnelle

L'attention joue également un rôle important; elle intervient précocement, dans un double mouvement de sélection du matériel à traiter et d'inhibition de ce qui viendrait surcharger la perception du texte écrit. Elle se centre autour du point de fixation où la vision est la meilleure. Ce cadrage est lié à la recherche de sens et se calque généralement sur l'unité de lexique délimitée par les blancs graphiques. Lorsque cette unité ne donne pas accès à un processus de reconnaissance, la fenêtre attentionnelle se réduit pour retrouver des éléments identifiables. Elle peut alors se limiter à très peu d'éléments, une syllabe, un graphème*, voire une lettre, pouvant ainsi compromettre les mécanismes de base de la lecture par l'absence de mise en relation des éléments. Une syllabe simple comme « ba » ne sera pas déchiffrée si le « b » et le « a » ne font pas l'objet d'un traitement conjoint. De même, des graphèmes tels que « oin », qui demandent la prise en compte simultanée de plusieurs lettres, ne seront pas identifiés.

Une haute performance

Lire des lettres demande à l'enfant de tenir compte de l'incidence des changements d'orientation (tels qu'entre « b », « d », « p » et « q »), contrairement à la permanence des objets qui l'entourent et qui restent les mêmes quelle que soit leur position. Il lui faut parallèlement percevoir la conservation de leur identité à travers des graphismes changeants (« B », « b », etc.).

Parallèlement à cette limitation de la perception centrale observée chez certains dyslexiques apparaît une augmentation de la perception dans la zone périphérique. Chez le lecteur expert*, les informations perçues dans cette région – de moins en moins précises au fur et à mesure qu'elles s'éloignent – favorisent une anticipation en donnant des indications sur la forme globale, plus développées d'un côté ou de l'autre en fonction du sens de la lecture (à droite en français, où on lit de gauche à droite). Ces informations doivent rester au second plan, de manière à ne pas gêner la reconnaissance en zone centrale. Il semble que chez certains dyslexiques, l'attention ne jouant pas suffisamment son rôle inhibiteur, elles prennent trop d'importance. Elles viennent ainsi parasiter la lecture en cours par un surplus de données peu précises.

Des troubles visuels, en relation avec l'attention, se manifestent dans certaines dyslexies. Il reste difficile de déterminer s'ils participent à la survenue du trouble ou s'ils en sont la conséquence.

Dyslexie et capacités intellectuelles

Les premiers théoriciens de la dyslexie ont été frappés par le contraste entre les difficultés des enfants dyslexiques à acquérir la langue écrite et leurs capacités intellectuelles.

Pourtant « *je suis intelligent* »

Ainsi s'étonnait déjà le jeune garçon dyslexique en 1896 (*voir* pp. 6-7). Comment un apprentissage tel que la lecture peut-il rester inaccessible à des sujets par ailleurs doués de capacités d'abstraction développées ? La dyslexie a mis en évidence cette dissociation, parallèlement au fait que des sujets déficients intellectuellement peuvent acquérir la lecture facilement et que certains enfants dits « à haut potentiel » rencontrent des difficultés. Les personnes dyslexiques n'ont pas toujours cette notion et l'aspect incompréhensible de leur trouble les amène parfois à douter de leurs capacités intellectuelles – doute renforcé par le regard souvent perplexe de leur entourage familial et pédagogique.

Des facultés cognitives

Le terme d'« intelligence » tend actuellement à être remplacé par celui de « facultés cognitives* » qui a l'avantage de distinguer dès sa formulation un ensemble de fonctions (langage, attention, mémoire, raisonnement…), à la fois distinctes et interactives. La lecture est ainsi conçue comme un processus cognitif composé de modules spécialisés. Le premier

> **Des compétences différentes**
>
> **Le développement de compétences particulières chez certains dyslexiques – tels que Léonard de Vinci – dans des domaines autres que linguistiques est souvent mis en relation avec une participation plus importante de l'hémisphère cérébral droit.**

traitement effectué séparément par ces modules est rapidement intégré dans une connexion intermodale. De la même façon que la perception d'une rose se décompose en représentations de sa forme, sa couleur, son odeur, lesquelles s'associent pour permettre l'identification de la rose, les différentes représentations perceptives d'une lettre (traits, orientation...) s'associent à une représentation phonologique pour constituer une unité linguistique identifiable. Cette unité est elle-même intégrée dans l'ensemble plus vaste des lexiques orthographique et sémantique. Les différents modes de traitement exercent entre eux une influence réciproque, ainsi qu'en témoigne la reconnaissance plus rapide de lettres dans le contexte d'un mot.

Un système interactif

Les différents domaines cognitifs entretiennent des relations entre eux. La lecture sollicite particulièrement l'attention et la mémoire de travail*, qui permet de conserver temporairement et de manipuler plusieurs éléments en même temps. Il apparaît dans la dyslexie une difficulté marquée à traiter simultanément les diverses informations linguistiques. Du fait de l'absence d'automatisation, l'attention est mobilisée par le décodage au détriment de la compréhension. De même, il est difficile aux sujets dyslexiques de mettre en relation les différents mots déchiffrés pour parvenir au sens. Le manque de recul les empêche de mobiliser efficacement leur mémoire à long terme concernant aussi bien les connaissances linguistiques que générales, différemment sollicitées en fonction du texte lu. La compréhension reste souvent littérale (et lacunaire) et la lecture peu flexible.

Le rôle privilégié du langage écrit dans la plupart des apprentissages rend l'impact de ces troubles – qui concernent au départ uniquement le langage écrit – particulièrement invalidant. L'effort demandé par la lecture prive l'enfant d'un outil efficace dans l'acquisition de ses connaissances.

Question d'automatisation

On montre à un lecteur expert* le mot « bleu » écrit en bleu (« bleu ») puis en noir (« bleu ») et on lui demande de dire le nom de la couleur dans laquelle le mot est écrit. Le temps de réponse est plus long dans le second cas, ce qui rend compte d'une interférence due au caractère automatique de la lecture (effet Stroop). Les dyslexies se caractérisent, quant à elles, par une absence d'automatisation.

> Les différents domaines cognitifs peuvent être pénalisés par l'excès d'attention mobilisée chez le sujet dyslexique sur des processus qui devraient être automatisés.

Des causes cérébrales ?

La question des « causes » de la dyslexie est complexe. Les différentes hypothèses proposées restent l'objet de discussions qui stimulent la recherche.

Des déficits particulièrement subtils

Il entre dans la définition même de la dyslexie d'exclure tout déficit physiologique, neurologique ou psychologique. Dans ce contexte d'absence de pathologie marquée, de nombreuses théories explicatives cherchent à mettre au jour des particularités cérébrales concernant les structures du cerveau impliquées dans l'acte de lecture.

Un traitement sous-cortical trop lent ?

En dehors de toute déficience perceptive, certaines théories postulent l'existence d'anomalies touchant des zones intermédiaires qui prennent en charge les informations visuelles et auditives – non spécifiquement langagières. Concernant la vision, l'hypothèse d'un déficit du traitement visuel a été proposée, conséquence d'une atrophie des cellules responsables du traitement global et rapide – les magnocellules, par opposition aux parvocellules consacrées au traitement analytique. L'atteinte de ce système se traduit par une difficulté à gérer les séquences visuelles successives et par un contrôle défectueux du mouvement des yeux. De même, concernant l'audition, l'hypothèse d'un déficit du traitement temporel proposée par P. Tallal postule une mauvaise discrimination des stimuli auditifs brefs se succédant rapidement. Les transitions entre les sons de la parole seraient ainsi difficiles à percevoir. Ces deux approches partagent l'idée d'un déficit du traitement séquentiel rapide des informations. L'hypothèse dite « magnocellulaire » effectue une synthèse en évoquant un dysfonction-

Effets de l'entraînement

Une étude (G. Schlaug) a montré que le corps calleux des musiciens examinés – ayant appris la musique avant 7 ans – était plus volumineux que celui des non-musiciens. La pratique d'un instrument demande la coordination des deux mains, et donc davantage de collaboration entre les hémisphères. L'entraînement répété aurait amené une modification cérébrale.

nement général des voies magnocellulaires (visuelles et auditives) avec des prolongements possibles dans le domaine moteur – au niveau du cervelet* – se manifestant en particulier par des troubles de la coordination.

Un manque d'asymétrie corticale ?

Des anomalies corticales liées à une perturbation de la migration neuronale au cours de la vie fœtale ont été observées. Les cellules nerveuses du fœtus, après une phase de prolifération, subissent une mort cellulaire sélective afin de supprimer les neurones en excès. Dans le cortex des sujets dyslexiques étudiés, il apparaît des phénomènes de surplus neuronal se traduisant, au niveau microscopique, par des amas de cellules nerveuses venus se fixer préférentiellement dans les zones du langage, et, au niveau macroscopique, par un volume plus important de certaines structures. Ainsi le planum temporale*, généralement plus grand du côté gauche, se développerait davantage à droite. Le corps calleux, structure de liaison entre les deux hémisphères, serait également plus volumineux, en relation avec des échanges plus nombreux qui favorisent l'intervention de l'hémisphère droit, au détriment de la prédominance de l'hémisphère gauche dans les tâches langagières.
Une anomalie structurelle d'origine plus ancienne a été également observée, concernant cette fois un défaut de développement d'une structure impliquée dans le traitement phonologique du langage (l'aire pariétale suprasylvienne gauche).

La question génétique

Une sensibilité familiale et une prédominance masculine fréquemment retrouvées dans les cas de dyslexie incitent à rechercher l'incidence de facteurs génétiques. Plusieurs chromosomes sont suspectés d'être potentiellement impliqués, mais on ne peut actuellement parler de gènes de la dyslexie.

Brouillage visuel

En dehors de toute atteinte de la vision, des troubles de la perception visuelle (discrimination, exploration...) peuvent passer inaperçus et compromettre l'apprentissage de la lecture. En cas de gêne persistante, un bilan neurovisuel est indiqué afin d'évaluer les capacités d'analyse visuelle et de mettre en place, si besoin est, une prise en charge qui s'avère efficace.

Selon les théories, les facteurs en cause varient, pouvant concerner le traitement sensoriel global ou se limiter aux seules structures du cerveau intervenant dans le langage.

Qu'est-ce que lire ?

La lecture peut être définie comme *« un ensemble de processus permettant d'extraire la signification du texte. Cet ensemble inclut donc aussi bien l'identification des mots que la compréhension »* (Charles Perfetti, *L'Apprenti lecteur*, 1989).

Entre haut et bas

Le rôle respectif des deux aspects de la lecture – identification des mots et compréhension – est à l'origine de différents modèles théoriques, privilégiant l'une ou l'autre dimension. Les conceptions ascendantes (*bottom-up*) partent du détail – l'identification des mots à partir de l'analyse des éléments qui les constituent – pour arriver à la signification de l'ensemble. Les conceptions descendantes (*top-down*) prennent comme point de départ la globalité dans une démarche de recherche de sens, pour parvenir à l'identification des mots à partir d'hypothèses émises en fonction du contexte linguistique et extralinguistique. Cette dichotomie a été au cœur de nombreux débats concernant les méthodes d'apprentissage de la lecture.

Indice visuel

Une expérience a été menée (P. B. Gough) auprès d'enfants de 4-5 ans : on leur montrait quatre mots présentés sur quatre cartes différentes dont l'une portait une empreinte de doigt. Le mot écrit sur cette carte a été le mieux retenu.

L'identification des mots

On considère actuellement que les deux processus n'interviennent pas au même niveau. On distingue une compétence plus générale : la compréhension, précédant l'apprentissage du langage écrit et avec laquelle l'enfant est déjà familiarisé à travers le langage oral, et une compétence particulière à l'écrit : l'identification des mots écrits. Les différentes théories de la lecture s'intéressent alors aux mécanismes spécifiques intervenant dans l'identification des mots.

Des stratégies évolutives

Le modèle développemental le plus fréquemment utilisé (U. Frith, 1985) décrit trois étapes par lesquelles passe l'enfant pour identifier les mots avant d'accéder à une lecture automatisée. Le premier stade, appelé « logographique », concerne le début de l'intérêt de l'enfant pour le langage écrit : les mots sont reconnus à partir d'indices visuels saillants. « Coca Cola » sera retrouvé uniquement grâce à la forme du logo et à la couleur rouge. Le passage obligé par cette étape ne fait pas l'objet d'un consensus. Le second stade, dit « alphabétique* », inaugure une réelle entrée dans le langage écrit par la mise en correspondance des phonèmes* et des graphèmes*. L'enfant procède de manière analytique en déchiffrant les différents constituants du mot. Cette stratégie domine pendant les 7-8 premiers mois d'apprentissage, parallèlement à la constitution progressive du lexique mental. Lors du troisième stade, dit « orthographique », les mots sont identifiés de manière globale par confrontation au vocabulaire mémorisé.

« Le mot a une position fonctionnelle intermédiaire qui tient à sa nature double. D'une part il se décompose en unités phonématiques qui sont de niveau inférieur ; de l'autre il entre, à titre d'unité signifiante et avec d'autres unités signifiantes, dans une unité de niveau supérieur. »
Émile Benveniste, ***Problèmes de linguistique générale*, 1966.**

Adressage et assemblage : une collaboration fructueuse

La prédominance de la stratégie orthographique ne signifie pas l'élimination de la stratégie alphabétique. Ces deux processus, qui correspondent aux voies d'assemblage* et d'adressage*, interviennent de manière complémentaire dans la lecture. Le décodage s'est automatisé, libérant l'attention alors au service du texte lui-même, mais en cas de rencontre avec des mots inconnus, le lecteur expert* recourt de nouveau à la procédure alphabétique (voie indirecte d'assemblage). Les mots connus suivent la voie directe d'adressage (*voir* p. 60) pour être identifiés dans le lexique mental. Celui-ci comprend les diverses représentations des mots, orthographiques, sémantiques et phonologiques, qui seront activées différemment selon les nécessités du moment. Ces dissociations permettent de rendre compte du fait qu'il est possible de lire sans comprendre.

La lecture est actuellement conçue comme un processus complexe, où les différents types de traitements – globaux et analytiques – se complètent selon les nécessités de la tâche.

L'alphabet

La lettre est l'élément central des écritures alphabétiques, à l'origine d'un système particulièrement économique.

Un ensemble fini

Entrer dans un système alphabétique* consiste à percevoir un nombre limité d'unités graphiques correspondant chacune – théoriquement – à une unité sonore. Les comptines telles que l'alphabet de Mozart permettent à l'enfant d'appréhender de façon globale cet ensemble fini, énoncé toujours dans le même ordre. La musique l'aide à mémoriser et il connaît bien souvent l'enchaînement des 26 lettres (en français) avant d'apprendre à lire. Il commence également à individualiser quelques lettres affectivement investies en procédant par analogie : /a/ comme « Adrien » (son prénom), /èm/ comme « maman » ou /pé/ comme « papa ». Certaines méthodes d'apprentissage recourent parfois à ce processus analogique, cherchant à favoriser la perception et la rétention des lettres – unités sans signification – en les rattachant à un mot (généralement illustré par une image) porteur de sens.

« Au xe siècle, le grand vizir de Perse, Abdul Kassem Isma'il, afin de ne pas se séparer durant ses voyages de sa collection de cent dix-sept mille volumes, faisait transporter ceux-ci par une caravane de quatre cents chameaux entraînés à marcher en ordre alphabétique. »
Alberto Manguel, *Une histoire de la lecture*, 1998.

Vers l'abstraction

Ce principe a été à l'origine des premiers alphabets. Les 22 lettres de l'alphabet phénicien – dont les premières traces remontent au milieu du IIe millénaire av. J.-C. – sont constituées à partir de signes représentant des objets, animaux ou parties du corps, telle la première lettre *aleph* (le bœuf), qui figurait schématiquement une tête de bœuf. Les signes ont été utilisés par convention pour désigner le son initial du mot et non le mot lui-même. Par la suite, au fur et à mesure des emprunts, le nom des lettres s'est éloigné de plus en plus de cette origine imagée. *Aleph* est devenu *alpha* dans l'alphabet grec (désignant ainsi uniquement la lettre grecque) puis « a » dans l'alphabet latin. Le nom des lettres est assimilé au son qui est produit, avec l'ajout, si nécessaire, d'une voyelle d'appui (/pé/).

Des emprunts

L'histoire des alphabets fait apparaître une tendance générale qui consiste à emprunter le système linguistique d'un autre peuple en l'adaptant. Le recours à des systèmes étrangers favorise l'abstraction propre aux signes linguistiques en les éloignant de toute référence imagée. Il favorise également la réflexion sur la langue (métalinguistique) constitutive du langage écrit. Les premiers systèmes d'écriture semblent s'être eux-mêmes développés dans des contextes d'échanges culturels et linguistiques particulièrement riches.
Ce procédé n'est pas sans inconvénient car les alphabets se prêtent plus ou moins bien au système phonologique des langues qui les empruntent. Le français s'est senti particulièrement à l'étroit dans l'alphabet latin, un certain nombre de phonèmes* du français – tels que les voyelles nasales – ne pouvant être transcrits par les graphèmes* latins. Des aménagements ont été régulièrement effectués : de nouvelles lettres (« j », « v », « w ») ont été ajoutées, des signes diacritiques (la cédille, les accents et le tréma) ont été créés, des lettres se sont assemblées pour former des digrammes correspondant à un phonème (« on »). Ces différents moyens ont permis de pallier en partie les insuffisances de l'alphabet latin, au prix d'une certaine complexification. D'autres langues comme l'italien et l'espagnol se sont mieux adaptées, les relations entre les phonèmes et les graphèmes étant beaucoup plus simples.

Un baptême difficile

La lettre « Q », longtemps jugée inutile, a été réintroduite à la Renaissance aux côtés des lettres « C » et « K ». Le savant humaniste Ramus, s'inspirant du latin, les nomme /cé/, /ka/ et /qu/ (du fait de l'association constante du « q » et du « u »). L'appellation /qu/, considérée comme impudique, a fait l'objet de controverses. Ramus sera assassiné par un grammairien catholique.

Les alphabets sont le plus souvent empruntés à des langues écrites préexistantes et subissent des remaniements en fonction du système phonologique dans lequel ils sont utilisés.

Le principe alphabétique

L'accès à la langue écrite dans les systèmes alphabétiques repose sur la découverte du principe alphabétique.

Du phonème à la lettre

On appelle « principe alphabétique* » la mise en correspondance des unités de la langue parlée avec celles de la langue écrite. La difficulté pour l'enfant est au départ d'acquérir la conscience phonémique*, c'est-à-dire de percevoir ces plus petites unités distinctives que sont les phonèmes*. Il en a une perception implicite – il sait bien que « bol » et « bal » ne veulent pas dire la même chose – mais il lui faut alors parvenir à isoler des éléments (les consonnes et les voyelles) qui fonctionnent naturellement ensemble au sein de la syllabe selon le principe de la coarticulation. Les voyelles sont généralement plus faciles à distinguer, du fait de leur statut particulier : elles peuvent en effet constituer à elles seules une syllabe (« a-beille ») ou un mot (« à »). La visualisation des lettres facilite cette prise de conscience : les trois phonèmes de /bol/ émis dans une seule syllabe pourront ainsi être facilement identifiés grâce aux trois lettres « b », « o » et « l ».

Question de maturité et d'apprentissage

Une étude (I. Y. Liberman, 1974) a été menée auprès d'enfants anglophones de 5 à 7 ans à qui on a demandé de décomposer des mots en frappant le nombre de coups correspondant d'abord aux syllabes puis aux phonèmes. À 5 ans, le taux de réussite pour les syllabes est de 46 % et pour les phonèmes de 0 % ; à 6 ans, de 48 % et de 17 % ; à 7 ans, de 90 % et de 70 %.

De la lettre au graphème

L'enfant est rapidement confronté à la complexité des relations entre l'oral et l'écrit. Il s'aperçoit que les lettres ne correspondent pas de manière univoque aux sons de la parole : certaines changent de prononciation selon les mots (« x » dans « examen » et « dix »), d'autres sont réunies par deux ou trois pour réaliser un seul phonème (« ch », « eau »). Il prend également conscience que des lettres ou des associations différentes peuvent être lues de la même façon (« è », « ai »). Il acquiert ainsi la notion de graphème*, unité de la langue écrite, parallèlement à la notion de phonème, unité de la langue orale. Il apprend aussi que ces graphèmes sont régis par différentes règles de fonctionnement – telles que les variations du « g » et du « c » en fonction du contexte vocalique – qui demanderont généralement un certain temps pour être acquises et dont la maîtrise restera particulièrement fragile chez les enfants dyslexiques.

Les voyelles

Les premiers alphabets correspondent à une notation syllabique minimale en ne notant pas les voyelles qui étaient rétablies par le lecteur en fonction du contexte – comme cela reste le cas dans certains systèmes. L'alphabet grec, fixé vers 800 av. J.-C., est le premier à être réellement alphabétique.

Des systèmes plus ou moins transparents

Les difficultés sont plus ou moins marquées en fonction du degré de transparence des langues. Une langue est dite « transparente » quand chaque phonème est traduit par un graphème régulier. Aucune n'est totalement transparente, mais certaines s'en rapprochent, comme l'italien qui dispose de 33 graphèmes pour 25 phonèmes. Le français utilise environ 130 graphèmes pour une trentaine de phonèmes. La langue qui s'en éloigne le plus est l'anglais, dont la quarantaine de phonèmes est transcrite par plus de 1 000 graphies.
Selon le degré de transparence des langues, les correspondances seront plus ou moins rapidement maîtrisées : les petits Espagnols ou Italiens manipulent plus précocement le code écrit que les petits Anglais. Ce critère de régularité a également des incidences sur le nombre de dyslexiques, qui seraient moins nombreux en Italie (3,6 %) qu'aux États-Unis (7,3 %).

La mise en correspondance des phonèmes et des graphèmes est plus ou moins complexe selon le degré de transparence des langues.

Entre 5 et 7 ans

L'acquisition de l'écrit demande donc à l'enfant un certain niveau de maturité afin de pouvoir réfléchir sur le fonctionnement du langage. Certains s'y intéressent dès 4 ans, d'autres plus tardivement. C'est en tenant compte de la variabilité de maturité des enfants que l'apprentissage de la langue écrite commence dans la plupart des pays aux alentours de 6 ans – de 5 ans aux États-Unis et en Angleterre à 7 ans en Finlande.

La notation du sens

Les données phonographiques ne suffisent pas à assurer la compréhension du texte écrit, elles sont complétées par des données sémiographiques – « *autre mode de notation qui regroupe différents procédés graphiques sans relation directe avec l'oral et dont le but est de noter du sens* » (Jean-Pierre Jaffré, *Lecture-écriture : acquisition*, 1993).

Des signes graphiques dans la parole

Les signes de ponctuation comme « », ( ), – – permettent des enchâssements bousculant la linéarité du langage. Ces décrochements et mises en relief apparaissent partiellement dans les changements intonatifs de l'oral, qui peut recourir à la verbalisation de ces marques visuelles telles que les « entre parenthèses » et « entre guillemets », souvent accompagnés du geste reproduisant le tracé.

Des informations morphologiques et grammaticales

De nombreuses informations présentes à l'oral se perdent lors du passage à l'écrit, en particulier par l'absence d'indications contextuelles et de repères intonatifs. Différentes marques graphiques sont utilisées pour suppléer à ce manque. En fonction de leur rôle, elles seront constantes ou variables. Les marques morphologiques (constantes) donnent des indications sur le sens des mots et permettent en particulier de différencier les homophones (« chat » et « chas » par exemple) en s'appuyant fréquemment sur des lettres étymologiques. Le mot se rattache de cette façon à toute une famille linguistique en fonction de son histoire, avec parfois quelques accidents de parcours.

Les marques grammaticales (accords, conjugaisons) s'établissent – conformément à la codification de la langue – en fonction du texte, permettant de faire les liens nécessaires à la compréhension. Elles placent d'emblée le lecteur dans une perspective plus large que le traitement des données phonographiques*, requérant pour être identifiées une prise en compte des unités de sens, comme peut en témoigner l'exemple « les poules du couvent couvent ».

Des marques visuelles

D'autres marques graphiques jouent un rôle sémiographique* important en distinguant visuellement des unités de sens. Les « blancs » structurent le texte à différentes échelles, depuis la séparation des paragraphes, qui facilite la saisie de la dynamique du texte, à la distinction des mots, qui favorise un accès rapide au lexique mental. Pendant l'Antiquité grecque et latine, et jusqu'au VIIIe siècle apr. J.-C., les textes étaient le plus souvent écrits en *scriptio continua* en relation avec une pratique essentiellement orale de la lecture. Cette écriture continue était source d'ambiguïtés, comme le souligne un grammairien latin à propos de *conspicitursus* pouvant se lire *conspicit ursus* (« un ours aperçoit ») ou *conspicitur sus* (« une truie est aperçue »).

La ponctuation facilite également la perception des unités de sens en découpant les phrases. Elle donne parallèlement des informations sur les intentions de l'auteur en suppléant à l'intonation et à la gestuelle manquantes.

Point(s) trop n'en faut

De nouveaux signes de ponctuation ont été régulièrement proposés mais sans succès. Hervé Bazin (*Plumons l'oiseau*, 1966) a pour sa part suggéré la création de six points : le point d'ironie, de doute, de certitude, d'acclamation, d'amour et d'autorité.

Un équilibre variable

Les marques sémiographiques sont propres à la langue écrite ; elles permettent une élaboration précise en l'absence de données autres que linguistiques. Le développement de nouvelles stratégies de communication (messagerie électronique, SMS) installe l'écrit dans un mode d'expression particulier, à mi-chemin entre la parole et l'écrit, qui rend moins nécessaires ces informations. La vitesse de transmission entraîne un décalage temporel réduit et la structure dialogale rend le contexte très présent. La participation du principe sémiographique diminue au profit de la phonographie, alors utilisée sous toutes ses formes. L'énoncé « tpaklr » (« t'es pas clair ») recourt au son des phonèmes* pour « p », « a », « k », « l », et au nom des lettres pour « t » et « r ». Ce langage écrit, une fois maîtrisé, se prête à un usage rapide et condensé.

> Le langage écrit demande une manipulation conjointe des données phonographiques et sémiographiques. Il est particulièrement difficile aux sujets dyslexiques de prendre en compte tous ces éléments.

Question de méthodes

Les méthodes de lecture se différencient selon qu'elles privilégient le traitement des éléments de base (le décodage) ou celui de la globalité (le sens).

Syllabiques...

Des controverses passionnées ont lieu autour de l'apprentissage de la lecture, particulièrement depuis une cinquantaine d'années, opposant au départ deux types de méthodes : syllabiques et globales. Les méthodes syllabiques s'appuient sur la nature alphabétique* du système pour privilégier le traitement des lettres. Selon un principe stipulant d'aller du plus simple au plus complexe, les enfants apprennent les différentes lettres en les associant aux sons correspondants, puis les éléments sont assemblés en syllabes pour s'intégrer ensuite dans des mots pourvus de sens. La complexité des correspondances a conduit à introduire la notion de phonèmes* : les lettres sont abordées à la fois par leur nom et par le(s) son(s) qu'elles représentent.

... ou globales

L'hypothèse inverse s'appuie sur le principe qu'il est plus facile pour un enfant d'appréhender un ensemble pourvu de sens. Au début du XXe siècle, un médecin, O. Decroly, a développé une méthode globale en constatant que certains enfants acquéraient la lecture sans passer par une analyse méthodique. L'apprentissage part des unités de sens (mots et groupes de mots), l'enfant en déduisant par lui-même les mécanismes de lecture. Dans le même souci de mettre l'enfant dans un univers proche de ses intérêts, C. Freinet propose une « *méthode naturelle* » où les mécanismes du langage écrit sont abordés par « *tâtonnement expérimental* » à partir des écrits de l'enfant. L'impact de l'expérimentation du sujet à travers ses propres productions écrites est actuellement large-

Des appellations croisées...

Les méthodes syllabiques sont également appelées « synthétiques » (des lettres vers le mot) alors que les méthodes globales sont nommées « analytiques » (du mot vers les lettres).

ment pris en compte. L'approche idéovisuelle, quant à elle, préconise la seule reconnaissance visuelle des mots et rejette tout principe alphabétique – contrairement aux méthodes précédentes –, considérant la lecture comme une devinette.

Syllabiques et globales

Dans la pratique, la plupart des méthodes intègrent décodage et accès au sens. Les méthodes dites « semi-globales » abordent la lecture à partir de courtes phrases que l'enfant mémorise. Contrairement aux méthodes globales, un apprentissage explicite du code écrit est pratiqué à partir des mots retenus visuellement. L'apprentissage par cœur est rapidement suppléé par la mise en place progressive des capacités de décodage. D'autres méthodes privilégient au départ un travail plus systématique de mise en correspondance des graphèmes* et des phonèmes, tout en les réintégrant parallèlement dans des unités de sens.

Vers une synthèse

On s'accorde actuellement sur l'importance de l'apprentissage du code comme moyen nécessaire à l'accès au sens, lui-même inséparable de l'acte de lecture. Les enfants sont familiarisés de bonne heure avec l'univers signifiant de l'écrit, en particulier à travers les histoires qui leur sont lues. Stimulée par la fréquentation de l'école maternelle, leur curiosité les rend prêts à s'approprier les règles du langage écrit lorsqu'ils en ont la maturité. L'entrée au cours préparatoire marque un cap dans le processus d'autonomisation en leur offrant les moyens de lire par eux-mêmes. Certains enfants y parviennent sans apprentissage explicite. Le risque encouru pour les autres en privilégiant la mémoire visuelle est de leur donner l'impression qu'ils savent lire alors que les mécanismes de décodage ne sont pas acquis, après quoi il est beaucoup plus difficile de revenir en arrière pour apprendre les mécanismes de base.

Du bon sens

« On peut se demander pourquoi les débats analyse/synthèse ou son/sens ont été si virulents, et pourquoi ils opposent encore certains pédagogues, alors que le simple bon sens nous dit que pour lire il faut analyser et synthétiser. »
Sylvie Raynaud, *in Dyslexie*, sous la dir. de Geneviève Dansette et Monique Plaza, 2004.

L'apprentissage du langage écrit vise à donner à l'enfant une maîtrise du code sans perdre de vue le sens qui sous-tend chaque texte.

Premier bain de lecture

La lecture de livres familiarise le jeune enfant avec l'univers de l'écrit, et il s'y montre sensible de manière très précoce.

Une rencontre affective

La première rencontre du jeune enfant avec l'écrit a le plus souvent lieu à travers les histoires qu'on lui lit. Dès la petite enfance, il perçoit rapidement les changements de registre énonciatif qui en marquent la spécificité : un débit ralenti, une intonation plus marquée… Ce premier échange s'établit sur un mode affectif (à la manière des berceuses et des chansons), moment de plaisir partagé. La répétition de l'histoire lue dans des termes identiques (de même que le retour des refrains connus) donne à l'enfant un sentiment de sécurité, ainsi qu'en témoigne le plaisir qu'il prend à réentendre la même histoire. La construction du récit lui-même s'organise volontiers autour d'un schéma répétitif sur lequel interviennent des variations qui font figure d'événements comme dans l'histoire des trois petits cochons. La répétition se traduit également par le retour de sonorités identiques auxquelles les jeunes enfants sont particulièrement sensibles, d'où l'aspect souvent « poétique » des textes pour enfants, qui restera présent dans la composante stylistique du langage écrit.

Des peurs mises en scène

Les histoires pour enfants abordent des thèmes au centre de leurs préoccupations, comme l'absence ou la perte. Le déplacement sur des personnages fictifs leur permet de s'y confronter par une mise en scène dans un espace imaginaire.

Des émotions variées

Au fur et à mesure de l'évolution linguistique de l'enfant, ce premier partage affectif se diversifie. L'enfant devient davantage intéressé par l'histoire elle-même et il s'investit dans les différents personnages ; selon son humeur, il pourra s'identifier aux petits cochons ou au grand méchant loup. À travers eux, il vit des émotions fortes et variées, sans courir le risque d'être directement concerné – ou que son entourage le soit. Il peut ainsi avoir peur, être heureux, gentil ou agressif en toute sécurité.

Une adresse différée

Le partage affectif autour d'une histoire commune permet à l'enfant de se sentir concerné par ce langage qui ne s'adresse pas directement à lui.

Le style différent de l'écrit – mise en forme plus élaborée, vocabulaire moins familier… – lui fait également percevoir qu'il ne s'agit pas d'une parole liée au quotidien. Cette parole non utilitaire, qui n'attend pas de réponse de sa part, lui offre un espace de rêverie à la fois personnel et partagé. Pour entrer dans ce monde inconnu, il lui est nécessaire d'être accompagné. Il lui faut l'assurance d'un cadre stable autour de la présence vocale du narrateur. L'apprentissage de la lecture commence dans le partage. Par la suite, l'acquisition du langage écrit marque un passage vers l'autonomie et la lecture devient le plus souvent un acte solitaire où l'intervention de l'autre peut alors être ressentie comme une intrusion.

Une attente de sens

Le langage écrit est appréhendé en tant qu'objet fini, dans une perspective globale. Il ne s'agit pas comme à l'oral d'élaborer l'échange verbal au fur et à mesure de l'interaction, en l'adaptant aux différents paramètres du contexte. D'emblée, l'enfant perçoit l'histoire comme un ensemble avec un début et une fin, entre lesquels surviennent des événements qui lui donnent une raison d'être. Tout récit crée ainsi un horizon d'attente à l'origine d'une mise en tension cognitive* et affective, contenue par la présence du narrateur qui, connaissant la fin de l'histoire, est garant de son bon déroulement. Au cours des relectures, l'enfant partage la connivence d'être aussi celui qui sait, sans que cela compromette le plaisir de l'histoire – comme chacun peut en faire l'expérience en relisant une bande dessinée usée à force d'être lue.

Les histoires que l'enfant entend le familiarisent avec l'univers de l'écrit, dans une approche où affectif et cognitif se mêlent étroitement.

Langage oral, langage écrit : quelle filiation ?

Le langage écrit s'inscrit en continuité du langage oral tout en s'en distinguant par sa nature. Les relations étroites entre oral et écrit oscillent entre similitudes et différences.

Une nature différente

L'enfant naît dans un univers de langage. Ses vocalisations sont dès le départ intégrées dans des échanges qui lui permettent d'entrer peu à peu dans le langage parlé. Il n'en va pas de même pour le langage écrit qui demande un apprentissage. Cette différence de nature transparaît dans le fait que le langage oral est inhérent à toute société humaine, alors que le langage écrit est un acquis culturel facultatif – de nombreuses civilisations ne possèdent pas d'écriture. Elle se manifeste également à travers l'âge d'acquisition. Le langage se met en place progressivement au cours des premières années de la vie pendant lesquelles l'exposition au langage est fondamentale. Le cas d'enfants privés de tout environnement linguistique a mis en évidence l'existence d'une période sensible : au-delà de 6 ans, il semblerait qu'une réelle acquisition du langage soit impossible. Le langage écrit, quant à lui, est appris lorsque l'enfant arrive à un certain niveau de maturité dont l'âge moyen est fixé vers 6 ans, et il reste possible de l'apprendre par la suite, même si son acquisition s'avère moins facile. L'entrée dans l'écrit se réalise ainsi sur le support d'une parole dont les bases se sont en grande partie stabilisées.

Une apparition récente

On estime que le langage parlé est apparu il y a deux millions d'années. Le langage écrit est beaucoup plus récent, les premières écritures retrouvées à Sumer, en Mésopotamie, datent d'environ 5 000 ans.

Un double découpage sonore

Le continuum sonore de la parole est segmenté selon un double découpage parallèle. Le premier, prosodique*, détermine des unités de sens dont il facilite la perception. L'intonation sera la grande absente du langage écrit qui cherchera alors d'autres moyens pour souligner le sens (en particulier la ponctuation). Le second concerne la distinction des unités sonores minimales. L'enfant s'approprie progressivement le système phonologique de sa langue sur la base de phonèmes* bien différenciés en dépit de leurs variations acoustiques (selon le contexte linguistique, les personnes, les accents régionaux, etc.). Les comptines et chansons enfantines développent la sensibilité auditive et articulatoire de l'enfant en mettant en évidence les jeux de sonorités. Cette familiarisation ludique – et le plus souvent implicite – facilitera la mise en correspondance des unités de la langue orale avec celles de la langue écrite lors de l'apprentissage de la lecture.

Un double registre

L'enfant perçoit très tôt l'existence d'un double registre expressif dans la parole que sa mère – lorsqu'elle est suffisamment disponible – lui adresse. Elle accompagne les soins qu'elle lui donne de commentaires en relation avec la situation présente : ce qu'elle est en train de faire, ce qu'elle ressent des besoins de l'enfant… Parallèlement, elle lui parle sur un autre mode, au fil de ses rêveries, en fonction de son état psychique. « *Elle fait des confidences sur la joie d'être mère et sur les duretés de la vie, sur ce qu'elle a à faire et sur le temps qu'il fait, elle chantonne et se souvient des années d'autrefois* » (René Diatkine, « Lectures et développement psychique », 1995). L'enfant est sensible à cette alternance de registres dont la tonalité et l'intentionnalité sont différentes. Cette parole qui introduit un ailleurs à la situation présente inaugure un espace langagier dans lequel pourra se développer le langage écrit.

Dégustation

« Il lisait lentement en épelant les syllabes, les murmurant à mi-voix comme s'il les dégustait et, quand il avait maîtrisé le mot entier, il le répétait d'un trait. Puis il faisait la même chose avec la phrase complète, et c'est ainsi qu'il s'appropriait les sentiments et les idées que contenaient les pages. »

Luis Sepúlveda, ***Le Vieux qui lisait des romans d'amour,*** **1992.**

À travers les échanges oraux, l'enfant se familiarise avec des aspects du langage – jeux sur les sons, registres expressifs variés – qui interviendront particulièrement dans le langage écrit.

Une inégalité linguistique

L'apprentissage du langage écrit s'effectue dans un second temps langagier et pourra être favorisé par le bain linguistique dans lequel l'enfant aura grandi.

Des possibilités plus ou moins exploitées

Le langage oral offre de nombreuses possibilités d'expression à travers des registres variés, mais diversement exploités par les usagers. Le milieu familial et culturel joue un rôle important par les modèles langagiers qu'il propose à l'enfant. Certaines familles sont le lieu d'échanges multiples sur des sujets divers alors que d'autres restent dans un usage plus restreint de la parole lié à l'ici et maintenant. Le langage se limite au registre utilitaire indispensable à la vie quotidienne. Il fait référence à un univers partagé par les membres de la communauté et ne nécessite pas de développements particuliers. Lorsque, au contraire, le locuteur traite d'événements hors contexte, les propos demandent à être plus explicites, afin de représenter les éléments extérieurs à la situation d'élocution. Plus le degré de familiarité de l'interlocuteur avec le sujet abordé est faible, plus les informations seront nombreuses, et des reformulations, précisions et autres commentaires seront souvent nécessaires pour éclaircir les propos. Le locuteur est ainsi obligé de recourir à des stratégies discursives variées afin de transmettre le mieux possible ce qu'il veut dire. Toute cette recherche autour de l'expression langagière, particulièrement favorable à l'installation du langage écrit, demande une disponibilité qui n'est pas toujours possible en fonction des préoccupations matérielles et/ou psychiques de l'entourage. Dans certaines familles également, ce maniement de la langue ne fait pas partie des habitudes culturelles, de même qu'il n'entre pas dans la tradition familiale de lire des histoires à l'enfant.

Le « plus » du livre

Certains parents préfèrent raconter des histoires qu'ils inventent. Le risque encouru est de limiter l'enfant à un seul monde imaginaire, contrairement à la variété des points de vue offerte par les livres. De plus, si les récits font écho de manière trop directe aux problématiques familiales, l'enfant peut s'en détourner, les ressentant comme intrusifs.

Le trop éducatif

Des petits livres thématiques (sur la séparation, le deuil, la jalousie...) sont parfois lus à l'enfant afin de l'aider à passer des caps difficiles. Il se sent souvent peu concerné par cet abord explicite, contrairement aux « vraies histoires », où, à la manière des mythes, se rejouent les drames de l'humanité.

Le langage en question

L'utilisation de registres de parole variés amène également l'enfant à réfléchir sur la langue elle-même, réflexion sur laquelle se construira l'apprentissage du langage écrit. Il perçoit que les manières de s'exprimer changent en fonction des situations : la formulation et l'intonation diffèrent selon qu'il s'agisse d'un langage utile ou d'un langage plaisir – ordre, commentaire, récit, histoire drôle… Il se rend compte qu'un même sujet peut être abordé de différentes façons. Il se pose des questions sur des mots qui lui sont inconnus et commence à s'interroger sur ces traces écrites qui l'entourent. Chaque usage particulier de la langue tend à mobiliser sa curiosité naturelle – de même que la rencontre avec une langue étrangère incite à se questionner sur le langage.

Un bain linguistique inégal

Si cet environnement linguistique riche offre un cadre privilégié à l'acquisition de la langue écrite, son absence ne signifie pas un accès impossible à l'écrit. L'enfant pourra faire un certain nombre de découvertes en dehors de chez lui, en particulier à l'école. La difficulté est alors pour le milieu scolaire de s'adapter aux connaissances de l'enfant. Un enfant nourri dès sa prime enfance de comptines et d'histoires, habitué à des échanges linguistiques variés, n'arrive pas à l'école avec le même bagage linguistique qu'un enfant qui n'a pas connu ces stimulations. Certaines étapes initiales demandent alors à être parcourues avec ces enfants, en particulier une sensibilisation aux sonorités du langage oral, tout en suscitant un questionnement sur le langage écrit.

Des pratiques ludiques, parallèlement à des usages décontextualisés du langage oral (récits, discussions sans rapport avec la situation présente), mettent le futur lecteur dans des conditions favorables.

L'entrée dans l'écrit

Préparé par sa fréquentation du langage oral, l'enfant est prêt à entrer dans le monde de l'écrit. Ce passage, s'effectuant le plus souvent en douceur, est le résultat d'un saut qualitatif.

Un intérêt précoce

L'attention de l'enfant est attirée de façon précoce sur les différents modes d'expression de l'écrit, que ce soit à travers des affiches, des étiquettes, des journaux... Dès son jeune âge, il a généralement à sa disposition des livres qu'il s'approprie de façon variée, commençant souvent par les mordre ou les déchirer. Il prend l'habitude de les tenir, de tourner les pages pour regarder les images. Il se familiarise avec les aspects matériels de l'écrit : le support de la page, les traces linéaires qui se distinguent du fond – traces qui ne représentent rien, contrairement aux images. Il s'identifie aux plus grands qu'il voit lire en adoptant la même attitude. Il joue aussi à savoir lire en devinant certains passages d'histoires qu'il connaît par cœur, avec la complicité de l'adulte – chacun sachant bien que ce n'est pas « pour de vrai ». Il commence parallèlement à utiliser ses crayons différemment pour produire des tracés qui ne sont plus des dessins et qui deviendront, après de multiples expérimentations, des lettres identifiables. Cette mise en place du cadre lui permet d'anticiper sa position de futur lecteur.

Un sens pressenti

Avant même de le maîtriser, l'enfant appréhende un certain nombre de notions concernant le langage écrit. Il perçoit que ces signes qu'il n'identifie pas encore sont écrits pour raconter quelque chose, ainsi qu'il le constate quand on lui lit une histoire. Il voit ses parents plongés dans la lecture de livres ou de magazines. D'autres fois, il les regarde écrire une lettre qu'ils mettent dans une enveloppe ou une liste qu'ils emportent lorsqu'ils vont faire des courses. Il est ainsi sensibilisé à une multiplicité d'usages des signes écrits dont il envisage l'utilité. La difficulté est pour lui d'en trouver le mode d'accès. Il tente alors de déchiffrer et lit « tomates » là où est écrit « ketchup », en voyant des tomates sur l'étiquette.

Une recherche active

Ces premières tentatives témoignent d'une activité de recherche face au problème posé par le décryptage du langage écrit. Ses expérimentations demandent à être encouragées et guidées. On lui indiquera par exemple le mot réellement écrit, afin qu'il n'assimile pas la lecture à un jeu de devinette fondé sur les indices extérieurs. De même qu'il s'est appuyé sur ces informations extralinguistiques, il peut également prendre des repères sur le mot lui-même, tel le « o » de « vélo » qui sera associé à la roue. Il lui est ainsi possible de reconnaître un certain nombre de mots de son environnement. L'aspect limité et peu économique du système l'amène à abandonner cette solution lorsque les mots à retenir deviennent trop nombreux. Il quitte alors cette stratégie logographique pour entrer dans le système alphabétique*, marquant l'entrée dans le processus de lecture. L'accès au décodage lui permet de déchiffrer tout ce qui se présente à ses yeux, ne le limitant plus à la seule reconnaissance des mots mémorisés. Les enfants n'entrent pas tous de la même façon dans le langage écrit, certains accéderont plus directement au principe du décodage.

Un rapport inversé

On insiste sur l'importance d'un langage oral bien structuré lors de l'apprentissage de l'écrit. Parallèlement, les enfants dysphasiques* – qui ont des troubles spécifiques du langage oral – bénéficient d'un apport précoce du langage écrit. La perception des différentes unités du langage écrit leur donne des points de repère sur lesquels ils peuvent s'appuyer.

> L'enfant appréhende d'abord le langage écrit comme porteur de sens avant d'en percevoir le fonctionnement.

Le barrage de la lettre

L'enfant non lecteur peut être confronté à différents facteurs qui l'empêchent d'accéder aux principes mêmes du langage écrit.

Des unités isolées

Les langues alphabétiques* se caractérisent par un ensemble distinct d'éléments, les lettres. Le nom qui permet de les identifier est parfois à l'origine d'un malentendu faisant obstacle à l'acquisition de la combinatoire – /p/ et /a/ font /pa/. Si l'enfant les perçoit comme des unités finies, il peut croire que lire consiste à dire le nom des lettres. En effet, le /pé/ n'appelle pas l'adjonction d'une voyelle, contrairement au bruit /p/ qui ne peut exister sans la complétude du phonème* vocalique – le nom des voyelles, quant à elles, ne se différencie pas de leur son. C'est pourquoi de nombreuses méthodes de lecture insistent dès le départ sur l'identification des lettres par le son qu'elles produisent, de manière à favoriser la perception des syllabes, mécanisme à la base des systèmes alphabétiques.

Le barrage de la lettre

Les lettres peuvent également faire obstacle au principe d'abstraction du langage par leur aspect visuel. Pour accéder à l'écrit, l'enfant doit oublier la figuration des lettres pour n'en percevoir que la valeur abstraite. Ainsi que le dit le neuropsychiatre E. Straus, « *on exige du conducteur d'un véhicule qu'il fasse attention aux signaux, c'est-à-dire qu'il ne les considère que comme des signaux. De ceux-ci, il ne doit pas s'occuper, par exemple être tenté ou fasciné par eux ou bien les craindre ou les menacer, les signaux devront donc être voyants et pourtant sans attraits, ils devront avertir sans alarmer, c'est-à-dire que comme signaux, ils devront à la fois être neutres et typiques* » (*Du sens des sens*, 1989).

Des lettres en conflit

« Pour Myriam, [...] un "l" devient un cobra menaçant, la traduction graphique d'un "m" aboutit à la représentation de deux monstres bicéphales superposés. »
Colette Ouzilou, *Dyslexie : une vraie-fausse épidémie*, 2001.

> **Des expressions « au pied de la lettre »**
>
> « De A à Z » ; « prouver par A plus B » ;
> « mettre les points sur les I » ;
> « l'heure H » ou « le jour J ».
> Citées par Louis-Jean Calvet
> *in* la revue *Langages*, n° 75, 1984.

De même, les premiers alphabets ont rapidement oublié leur origine iconique, refoulée sous les liens du son qui, seuls, ont subsisté. Auparavant déjà, les premiers systèmes d'écriture se sont dégagés de la pictographie – où les dessins représentaient schématiquement des éléments de la réalité – pour devenir un véritable langage accédant à l'abstraction. Selon la psychanalyste M. Klein (*Essais de psychanalyse*, 1968), « *l'écriture pictographique ancienne, fondement de notre écriture, est encore vivante dans les fantasmes de chaque enfant en particulier* ». Cela apparaît dans une tendance que certains enfants montrent à humaniser les lettres au début de leur familiarisation avec l'écrit. Les relations affectives qu'ils instaurent avec les lettres les aident à les reconnaître. Ce phénomène transitoire (et non systématique) peut devenir envahissant, les lettres sont alors vécues comme des personnages plus ou moins menaçants intervenant dans des scénarios fantasmatiques divers. La valeur symbolique de la lettre n'est alors pas accessible à ces enfants pris dans leur propre vie intérieure.

À prendre et à laisser

Après ce double traitement de la lettre – valeur abstraite, élément d'une combinatoire –, d'autres éclaircissements doivent être apportés à l'enfant pour éviter de nouveaux malentendus pouvant bloquer la lecture. L'enfant est amené à comprendre que, contrairement à ce qu'il a tout d'abord appris, les lettres ne correspondent pas toujours à des sons – tel le deuxième « s » de « souris ». Il doit également laisser en suspens dans sa mémoire la (les) syllabe(s) qu'il est en train de lire sans avoir peur de les perdre, pour pouvoir traiter l'ensemble du mot ou groupe de mots. Il lui faut prendre suffisamment de distance avec ces lettres enfin décodées afin qu'elles s'animent en unités de sens.

> Le dépassement du figuratif de la lettre inaugure l'entrée dans l'apprentissage du langage écrit.

La lecture : passive et active

La lecture demande une mise à distance des représentations portées par le langage écrit qui s'avère difficile pour certains.

Une disponibilité réduite

Entrer dans la lecture demande une réceptivité à la « parole » de l'autre qui n'est pas toujours possible. Certains enfants sont préoccupés par des conflits internes envahissants qui les empêchent de s'intéresser à ce qui ne les concerne pas directement. Ils perçoivent le monde de manière encore trop « égocentrée » pour disposer du recul nécessaire au langage écrit. Les histoires qu'on leur lit leur semblent trop lointaines ou trop proches. Ils peuvent alors y entendre un écho direct de leurs préoccupations qui fait ressurgir massivement leur angoisse sans élaboration possible. La mort de la mère de Bambi ne sera pas dédramatisée dans une mise en scène distanciée et partagée, mais les impliquera personnellement. Ils appréhenderont ainsi l'univers de l'écrit – voire l'accès à la connaissance en général – comme dangereux.

« La représentation que le lecteur construit du texte résulte de la reconstruction de ce dernier. Si je propose à trois lecteurs différents de lire un même texte, il en résultera forcément trois représentations différentes, les écarts entre les représentations pouvant être attribués à la connaissance antérieure des lecteurs, à leurs objectifs de lecture, à leurs intérêts, etc. »
Caroline Golder, Daniel Gaonac'h, *Lire et comprendre*, 1998.

Une certaine passivité

Lire nécessite ainsi de laisser entrer (sans risque) les propos de l'autre en soi – en relation avec une connotation souvent féminine de la lecture. Contrairement à l'oral où la présence de l'interlocuteur permet un échange, la lecture laisse le lecteur à la merci de l'écrivain. Cet aspect passif est évoqué dès l'Antiquité grecque, où, dans le contexte de relations pédérastiques, la lecture est comparée à une domination sexuelle. Ainsi que l'explique l'historien J. Svenbro, *« lire, c'est ici se trouver dans le rôle du partenaire passif, méprisé, tandis que le scripteur s'identifie au partenaire actif, dominant et valorisé »* (*in* Guglielmo Cavallo, Roger Chartier, *Histoire de la lecture dans le monde*

Vers l'interprétation

L'enfant ne perçoit pas toujours la part active qui lui revient. Il peut ressentir ses premiers déchiffrages – généralement à voix haute – comme un acte de transcodage passif, où il est important de ne pas faire d'erreurs. C'est par une recherche interprétative qu'il entre réellement dans la lecture.

occidental, 1997). À leur tour, les Latins confient facilement la fonction de lecteur à des esclaves lettrés.

Une présence plus marquée

L'écrit a longtemps été considéré essentiellement dans sa fonction de mémoire de la parole et le rôle du lecteur consistait à assurer l'oralisation du texte, de manière à ce qu'il soit entendu des auditeurs dont beaucoup ne savaient pas lire. Son interprétation était alors purement instrumentale, se traduisant par une recherche d'effets intonatifs et vocaux. À partir du XIe siècle, la lecture devient davantage silencieuse, parallèlement au développement de marques visuelles (séparation des mots, ponctuation…). Cette intériorisation donne un sens différent au mot « interprétation ». L'esprit du sujet lisant est conçu comme le lieu d'une activité intellectuelle grâce à laquelle le texte trouve sa réalisation. Le lecteur n'est plus un simple réceptacle, mais partie prenante de la lecture par son rôle actif dans le décryptage de ce qui est écrit, en particulier des textes religieux qui occupent une place prépondérante dans l'activité de lecture. Avec la diversification des écrits et leur diffusion de plus en plus large, le statut du lecteur continue d'évoluer et gagne progressivement en importance. La fin du XVIIIe siècle marque un tournant par l'importance donnée à l'individu dans sa subjectivité et la prise en compte de ses émotions – en relation avec une abondante littérature romanesque. La part du lecteur devient de plus en plus prégnante, le texte naissant réellement de sa rencontre avec l'interprétation que celui-ci en fait, différente à chaque fois.

Lire est un processus actif d'interprétation du texte qui demande en même temps une certaine disponibilité pour se laisser pénétrer par les mots de l'auteur.

Des obstacles multiples

Un certain nombre de facteurs peuvent entraver l'accès à l'écrit, du fait de la place particulière tenue par le langage écrit à ce moment de la vie de l'enfant.

Un passage particulièrement sensible

L'âge de l'apprentissage du langage écrit marque un tournant important pour l'enfant, qui vit alors des changements multiples à l'origine d'une certaine vulnérabilité. L'entrée dans la lecture peut être perturbée par des facteurs qui ne sont pas directement en cause dans la survenue d'une dyslexie, car, « *même si la définition de* [la dyslexie] *dans les classifications exclut une origine culturelle, sociale, économique, pédagogique ou psychologique, cela ne signifie pas pour autant que ces facteurs ne jouent pas un rôle* » (Expertise collective, Inserm, 2006). Certains d'entre eux interviennent avant l'acquisition de la lecture, en relation avec l'histoire affective et langagière de l'enfant (*voir* pp. 32-33), qui se trouvera alors plus ou moins bien préparé à l'écrit. D'autres concernent plus particulièrement cette étape.

Hyperlexie

Certains enfants autistes, bien que très limités dans leur expression orale, acquièrent un bon niveau de déchiffrage. Les mots et structures syntaxiques sont bien identifiés, ce qui leur permet de lire et écrire mais sans toutefois parvenir à une réelle compréhension sémantique.

Un désir d'autonomie ambivalent

L'acquisition de la langue écrite inaugure une nouvelle autonomie en permettant à l'enfant de lire ce qu'il veut quand il veut. Elle marque également une entrée décisive dans un milieu social où les apprentissages scolaires occupent la première place. Ce changement, symbolisé par l'arrivée dans la « grande école », est angoissant pour certains enfants, à l'origine de réactions ambivalentes – faisant parfois écho à la difficulté des parents à laisser leur enfant devenir plus indépendant. Au sentiment d'insécurité peut se mêler également le souci de perdre sa place, au profit, par exemple, du petit frère. Le conflit entre ces deux désirs contradictoires, grandir et rester petit, est susceptible de rendre l'apprentissage difficile, demandant un accompagnement particulièrement attentif.

Le regard des autres

L'apprentissage de l'écrit coïncide avec la possibilité pour l'enfant d'opérer un décentrement par rapport à lui. Il a pris conscience que les autres avaient des pensées différentes des siennes et se montre disponible aux textes écrits, qui nécessitent de pouvoir adopter le point de vue de l'auteur (*voir* pp. 38-39). Parallèlement, il perçoit davantage les regards posés sur lui et devient plus sensible aux jugements, en particulier négatifs. Il a besoin d'être valorisé dans ses expérimentations, et cela d'autant plus qu'il rencontre des difficultés. Lorsque, après les quelques mois de tâtonnements partagés par la majorité des enfants, le « déclic » de la lecture tarde à venir, il peut se laisser décourager par le décalage qui s'installe avec ceux qui savent déjà lire. Il vit ses erreurs comme autant d'échecs à répétition et la blessure narcissique qui s'ensuit l'amène à abandonner un apprentissage si coûteux. Le soutien de l'entourage familial et scolaire permet d'éviter ce désinvestissement du langage écrit.

Des manifestations proches

Ces différents facteurs interviennent dès le début de l'apprentissage et les perturbations qu'ils provoquent sont proches de celles apparaissant dans la dyslexie. Les mécanismes de la lecture ne s'automatisent pas et la lecture reste approximative. Il devient rapidement difficile de séparer les enfants dyslexiques des mauvais lecteurs. Ce sera souvent la résistance du trouble, malgré les traitements mis en place, qui signera une réelle dyslexie.

La lecture à voix haute

Elle est vécue de manière différente selon chacun (et selon le type de texte lu). Elle peut être facilitatrice d'accès au sens ou, au contraire, ressentie comme une gêne. Elle est particulièrement pénible en situation de groupe pour l'enfant en difficulté.

Des difficultés d'apprentissage autres que dyslexiques entraînent des perturbations proches de celles provoquées par la dyslexie ; il est souvent difficile de faire la part des choses.

Qu'est-ce qu'écrire ?

Le langage écrit comprend deux aspects : l'un réceptif, la lecture, et l'autre expressif, l'écriture.

Écriture ou écriture ?

Un premier problème est posé par les différents sens du mot « écriture » où fond et forme sont mêlés. L'écriture désigne à la fois un système linguistique particulier et la réalisation des signes. À son tour, le verbe « écrire » signifie l'acte de composer un texte et celui de tracer des lettres. Le vocabulaire de la pathologie est plus précis (en français), distinguant dysorthographie* et dysgraphie*.

Des bases communes

L'acte graphique est au départ difficilement séparable de l'acquisition du code lui-même. Le geste se spécifie à partir de la perception du caractère non figuratif de la lettre (ou des autres signes linguistiques). L'enfant établit une différence entre un dessin cherchant à reproduire quelque chose et des tracés qui signifient – il ne sait pas quoi encore – mais ne représentent rien. Très tôt, il produit des vagues ou des pseudo-lettres qui manifestent une intention autre que figurative. Bientôt, il effectue des essais de différenciation formelle en variant la quantité des signes utilisés et leur positionnement, selon des critères tels que la grandeur de ce qui est désigné : « lion » sera produit avec davantage de graphies que « papillon ». À ce stade présyllabique (E. Ferreiro), l'écrit est conçu sans rapport avec le langage oral. Un saut qualitatif est réalisé lorsque, après 4 ans, l'enfant établit une relation entre ce qu'il écrit et ce qu'il entend. Ce remaniement l'amène à effectuer successivement différentes hypothèses : une hypothèse syllabique où une lettre

Le prénom

L'écriture du prénom occupe une place privilégiée à l'école maternelle. Cette première production écrite stable de l'enfant lui permet de prendre conscience de l'ordre constant des lettres d'un mot qui le représente, toujours identique quel que soit le contexte.

correspond à une syllabe, suivie d'une période intermédiaire syllabo-alphabétique, pour parvenir à l'écriture alphabétique*.

Une recherche active

Ces étapes témoignent d'un intérêt précoce de l'enfant pour les productions écrites. Par sa position active, il expérimente différentes conceptions qu'il modifie au fur et à mesure de ses acquis et qui lui permettent, dans un contexte d'échanges, de s'approprier les mécanismes du langage écrit. Selon le modèle développemental de U. Frith (*voir* pp. 18-19), écrire favorise l'acquisition de la stratégie alphabétique par le travail d'analyse qu'il demande. Par la suite, la stratégie orthographique se met d'abord en place dans la lecture, qui favorise une perception plus globale de l'énoncé. L'acquisition du principe alphabétique relativement simple est suivie par un long temps d'apprentissage – plusieurs années – des règles d'orthographe d'usage et grammaticale, particulièrement complexes en français. Là où la lecture de « saut » ne demande qu'une reconnaissance rapide, la transcription de /so/ exige une connaissance précise de l'orthographe du mot, différencié de ses concurrents homonymes – « sceau », « seau », « sot » ou « saut » –, et accordé selon le contexte linguistique – « saut » ou « sauts ».

Une connotation différente

La lecture, conçue comme moyen d'accès à une connaissance partagée (et plus ou moins contrôlée), a longtemps été privilégiée à l'écriture, mode d'expression individuel jugé propice à l'émergence d'une pensée indépendante et subversive. *« C'est probablement la raison pour laquelle tant de femmes savaient lire mais pas écrire, ni même signer »* (Martyn Lyons, *in* Guglielmo Cavallo, Roger Chartier, *Histoire de la lecture dans le monde occidental*, 1997).

Lire et écrire

Écrire s'avère donc plus complexe que lire, du fait du déséquilibre entre les relations graphème*-phonème* (relativement régulières) et phonème-graphème (beaucoup plus complexes), et de la maîtrise nécessaire des différentes règles et exceptions. La question se pose d'ailleurs d'une orthographe parfaitement automatisée. Qui n'a jamais eu un moment de doute ou d'ignorance l'amenant à consulter son dictionnaire ou son livre de grammaire ? Ce décalage transparaît dans la persistance fréquente des troubles de l'orthographe alors que les difficultés de lecture se sont résorbées.

> Écrire demande une attitude particulièrement active, que ce soit dans la découverte ou dans la maîtrise des mécanismes de la production écrite.

Les dysorthographies

La dysorthographie* sous ses différentes formes appartient aux troubles spécifiques du langage écrit. Elle accompagne généralement la dyslexie, mais peut survenir également seule.

Les répercussions de la dyslexie

Les manifestations de la dyslexie se retrouvent dans l'expression écrite, avec des confusions, inversions et autres perturbations venant troubler les correspondances entre phonèmes* et graphèmes*. Aux difficultés d'analyse perceptive s'ajoute une absence de maîtrise des différents graphèmes : « loin » s'écrira par exemple « louin ». L'assimilation entre le nom et le(s) son(s) des lettres apparaîtra dans des énoncés tels que « ivr » pour « hiver ». Les variations des lettres (« g », « c », « s »...) en fonction de leur entourage ne seront pas perçues. Malgré de nombreuses approximations qui rendent malaisée l'identification des mots, la structure phonétique parvient le plus souvent à être retrouvée. Les aspects sémiographiques*, quant à eux, sont touchés de manière massive.

Traités sur la « vraie » orthographe (vers 1600)

Le Vray Orthographe françois,
Alfabet nouveau de la vrée et pure ortografe fransoise,
La vraye et ancienne orthographe françoise restaurée.
Cités par Claire Blanche-Benveniste et André Chervel, *L'Orthographe*, 1978.

Une absence de liens

Les perturbations du traitement sémiographique peuvent concerner la segmentation des énoncés, les mots étant plus ou moins collés les uns aux autres. Beaucoup d'enfants rencontrent ce type de difficultés lorsqu'ils commencent à écrire, ainsi ce garçon de 5 ans qui affiche « defansdentre » sur la porte de sa chambre. De même, l'orthographe aussi bien lexicale que grammaticale demande un long temps d'apprentissage pour en acquérir les codes. Pour ce qui devait être sa première dictée, Jean-Paul Sartre écrivait : « *Le lapen çovache ême le ten* » pour « le lapin sauvage aime le thym » (*Les Mots*, 1964). Les sujets dysortho-

qu'est-ce que la dyslexie ? | la lecture et ses difficultés | le lecteur et ses troubles graphiques se caractérisent comme les dyslexiques par l'aspect résistant et fluctuant de leurs difficultés. Malgré un travail important – on est souvent surpris de l'étendue de leurs connaissances grammaticales, les conjugaisons et règles de grammaire sont généralement apprises par cœur –, ils ne parviennent pas à faire le lien avec ce qu'ils écrivent, et l'accord entre les différents termes est inexistant. Concernant l'orthographe d'usage, il leur est par exemple impossible de rattacher un mot à sa famille pour en trouver l'orthographe (le « s » final de « repos » peut être déduit à partir de « reposer »). Ils confondent aussi largement les homophones, et cela d'autant plus que leur attention est mobilisée par le souci de ne pas les confondre.

Le clan des « dys »

On a regroupé sous l'appellation « dys » divers types de dysfonctionnement cognitif* ayant des répercussions importantes sur les apprentissages : la dyslexie, la dysorthographie, la dyspraxie*, la dysphasie*, la dysgraphie*, la dyscalculie*...

Un manque d'expérimentation

Bien souvent, les enfants dysorthographiques développent une logique qui leur est propre. Le cadre scolaire s'accorde mal avec une approche individualisée qui permettrait (de même que pour la dyslexie) de prendre en compte les erreurs non comme signes d'une incapacité, mais comme témoins d'une activité de recherche face aux problèmes posés par l'écriture (ou la lecture). Cette démarche est d'autant plus difficile que l'écriture garde un aspect sacralisé qui conduit, dès les premiers apprentissages, à parler de « fautes » d'orthographe. L'enfant n'a pas le temps d'expérimenter par essais et erreurs – ainsi que pour les autres apprentissages – qu'il perçoit déjà l'orthographe comme une montagne inaccessible. Les écrits dysorthographiques se caractérisent bien souvent par une tendance à la complexification, avec, en particulier, de nombreuses lettres ajoutées « comme ça ». L'engrenage de la dysorthographie est amorcé, l'excès d'attention accordée à un transcodage difficile de l'oral compromet toute mise en perspective nécessaire à l'établissement de l'orthographe propre à l'écrit.

La complexité du code écrit s'accorde mal avec le peu de temps d'expérimentation dont dispose l'enfant dans son apprentissage.

Les dyspraxies (et autres troubles du graphisme)

Les dyspraxies sont des troubles spécifiques touchant les gestes finalisés. Peu (re)connues, elles concerneraient 1 % de la population d'âge scolaire.

Des gestes finalisés

Les praxies se différencient des mouvements tels que la marche – qui sont génétiquement programmés et s'acquièrent spontanément dans un milieu adapté – par la nécessité d'un apprentissage. Ce sont des fonctions cognitives* élaborées à l'origine de la production de gestes finalisés. Lorsqu'elles sont acquises, la simple évocation mentale du geste envisagé conduit à une activation automatique de la séquence de gestes. Se laver les dents, activité qui a demandé un temps d'apprentissage, se réalise sans qu'il soit nécessaire d'y réfléchir. De même, une fois que l'on sait écrire, l'attention peut se mobiliser sur les processus dits de « haut niveau », comme l'organisation du texte en fonction du contenu.

La dysgraphie

La dyspraxie entraîne toujours une dysgraphie, mais la dysgraphie n'est pas nécessairement en lien avec une dyspraxie. Il s'agit d'un trouble de la qualité de l'écriture (diagnostiquée à partir de 7-8 ans) qui pourra être traité par une graphothérapie.

Un manque d'automatisation

Certains enfants, alors qu'ils sont exposés à un entraînement adéquat, ne parviennent pas à l'automatisation des praxies. Ils sont contraints de recourir à des stratégies volontaires de contrôle du geste extrêmement coûteuses. Un retard graphique apparaît dès la maternelle, les dessins sont pauvres, contrastant le plus souvent avec des commentaires verbaux élaborés. Par la suite, la dysgraphie* devient prédominante, se caractérisant par l'aspect laborieux et fluctuant des tracés de lettres et par l'aspect peu soigné de la mise en page.

Des conséquences en cascade

Les dyspraxies* avec des troubles visuo-spatiaux sont les plus fréquentes, se traduisant par des difficultés à organiser l'exploration du regard. Les incidences lors de la lecture sont importantes, le regard a du mal à se fixer et à saisir les informations. Lire est possible mais reste fatigant. Ce manque d'aisance de la lecture, ajouté à la maladresse graphique, provoque l'apparition d'une dysorthographie*. Ces troubles du langage écrit – parallèlement à des difficultés dans les domaines où la dimension spatiale intervient (géométrie…) – entraînent un échec scolaire. Celui-ci est d'autant plus durement ressenti que l'enfant n'est pas reconnu dans les efforts qu'il produit, jugé comme brouillon et inattentif, alors qu'au contraire il mobilise beaucoup d'attention pour des tâches automatisées chez les autres élèves. La non-reconnaissance de sa pathologie – la dyspraxie étant encore peu diagnostiquée – amène l'enfant à se sentir incompris et à perdre confiance, avec des conséquences psychologiques importantes.

Des interventions adaptées

Il est nécessaire d'établir un diagnostic précis pour éviter cette dérive vers l'échec. Il peut être fait dans des services spécialisés dès l'âge de 4 ans selon les cas, à partir d'un ensemble de signes tels que le décalage lors des tests entre les performances verbales et non verbales. L'absence de progrès notable entre deux consultations – parallèlement à l'aggravation du décalage avec les autres enfants – est également un facteur important. La reconnaissance du trouble permet de mettre en place des rééducations (psychomotricité*, ergothérapie*, orthoptie*) et des stratégies palliatives adaptées en accord avec l'école (l'utilisation d'un clavier par exemple) – compte tenu du fait que les difficultés praxiques resteront présentes. Cela contribue à soulager l'enfant en lui évitant de mobiliser son énergie sur les tâches graphiques aux dépens des autres apprentissages.

Le préalable* graphique dans les troubles de type aphasique*

Son atteinte se manifeste par *« l'absence de saisie de la possibilité de représentation de la main "écrivante", c'est-à-dire de la possibilité de faire du linguistique en transcrivant des phonèmes*. Il est très étonnant de voir en guise d'écriture des productions "en guirlande", quelle que soit la situation linguistique, alors qu'il n'y a aucune difficulté à reproduire des dessins ou des formes géométriques ».* Gisèle Gelbert, *Lire, c'est vivre*, 1996.

Les troubles dyspraxiques, bien que simplement instrumentaux, peuvent avoir des répercussions très importantes sur l'apprentissage de la langue écrite.

La prévention

Le diagnostic de dyslexie ne pouvant être réellement posé qu'à partir de 7-8 ans, il est important de rechercher des signes permettant une intervention préventive.

La question de la prévention

La notion de prévention soulève des problèmes délicats, nécessitant de faire la part des choses entre différents facteurs. Le premier concerne le rythme d'évolution qui varie particulièrement d'un enfant à l'autre pendant ces périodes d'acquisitions intenses. Le langage et la motricité se développent à vitesse variable et de façon plus ou moins synchronisée, le tout tendant à s'harmoniser à 5-6 ans. C'est également vers cet âge que l'enfant, se dégageant des conflits psychiques de la petite enfance, acquiert une maturité affective suffisante pour entrer dans de nouveaux apprentissages. Le deuxième facteur tient à la spécificité de chaque domaine d'acquisition. Selon qu'il s'agisse du langage, de l'articulation ou du graphisme, l'attitude à adopter ne sera pas la même, et il n'est pas facile pour les parents de s'y repérer. L'avis de spécialistes sera alors précieux.

Une attention particulière

S'il est en effet délicat de parler de dyslexie avant même que l'enfant ait appris à lire, des difficultés particulières se manifestant dès l'école maternelle peuvent avoir des répercussions sur l'apprentissage de la langue écrite et attireront l'attention. Les troubles du langage oral demandent une intervention thérapeutique adaptée, alliant prise en charge de l'enfant et conseils aux parents, afin de soutenir le développement et la structuration du langage. Le familiariser avec la diversité des usages langagiers favorisera l'entrée dans le langage écrit. Compte tenu de l'importance de la conscience phonologique*, une attention

Audition

De même que la vue, l'audition de l'enfant est particulièrement importante à surveiller. Des affections ORL à répétition peuvent momentanément l'affecter.

particulière doit être portée à la perception des sons du langage. L'articulation de certains phonèmes* tels que /j/ et /ch/ peut être plus longue à se mettre en place (jusqu'à 5-6 ans) et il est alors important de vérifier que l'enfant perçoive bien la différence entre /je/ et /ze/ qu'il prononce de la même façon – ce qu'il manifeste généralement par sa répréhension quand on l'imite : « Non, c'est pas /ze/, c'est /ze/. »
Une maladresse particulière du graphisme est également à prendre en compte, de même qu'un désintérêt de l'enfant par rapport aux activités graphiques ou une incapacité à entrer dans les premières réalisations de lettres comme l'écriture du prénom. Une maladresse plus générale, des difficultés à se repérer dans le temps et dans l'espace sont également des signes à surveiller.

Un dosage délicat

L'intervention préventive demande un dosage délicat pour respecter le rythme de l'enfant tout en stimulant ses zones de fragilité, de manière en grande partie implicite. Le développement de sa sensibilité aux sons du langage s'effectue sous forme de comptines ou de jeux comme celui du « corbillon » évoqué par Molière. L'enfant est à un moment de sa vie où se construit et se stabilise son système phonologique, et il se montre particulièrement réceptif, à partir du moment où ce qu'on lui propose est à sa portée. C'est également autour d'activités ludiques interactives qu'il est amené à développer son langage. Le soumettre à des stimulations trop décalées par rapport à ses compétences du moment peut être préjudiciable et entraîner des troubles annexes comme l'apparition d'un bégaiement.

Le corbillon

« Et s'il faut qu'avec elle on joue au corbillon
Et qu'on vienne à lui dire à son tour "Qu'y met-on ?"
Je veux qu'elle réponde : "Une tarte à la crème"
En un mot, qu'elle soit d'une ignorance extrême. »
Molière évoque dans *L'École des femmes* (1662) un jeu pratiqué avec les enfants qui consiste à finir la phrase par un énoncé qui rime : « Dans mon corbillon, j'ai mis un... savon, etc. »

Une action préventive avant l'apprentissage de l'écrit, faite sur un mode ludique et adapté aux capacités de l'enfant, est indiquée lorsque certains signes sont repérés.

Diagnostic et prises en charge

Le diagnostic est un premier temps thérapeutique qui permet un changement de regard sur l'enfant enfin reconnu dans ses difficultés. Il inaugure la mise en place d'un soutien adapté.

Une intervention rapide

Une majorité des sujets dyslexiques et dysorthographiques entreprennent une thérapie avec un orthophoniste, professionnel de santé traitant les troubles du langage. Selon les niveaux de perturbation pressentis, d'autres interventions sont aussi proposées : psychomotricité*, ergothérapie*, orthoptie*, psychothérapie…

Un entraînement ludique

En complément des séances, un entraînement à la discrimination phonémique peut être pratiqué sur des logiciels. Ceux-ci proposent un support ludique et ont l'avantage de pouvoir être pratiqués régulièrement – sur des durées pas trop longues.

Un certain nombre d'enfants en début d'apprentissage viennent également consulter, les parents étant inquiets devant les erreurs « dyslexiques » commises. Bien que le diagnostic n'ait pas pu être encore posé, une prise en charge pourra être envisagée en présence de signaux d'alerte – tels que des troubles persistants du langage oral, un manque de repérage spatio-temporel, la présence de dyslexie dans la famille, des changements de comportement (tristesse, manifestations somatiques…) depuis l'entrée dans la « grande école » – et, d'une manière générale, lorsque l'enfant se fatigue beaucoup pour peu de résultats. En dehors des « vraies dyslexies », les difficultés régressent généralement en quelques mois, évitant ainsi à l'enfant de s'installer dans des dysfonctionnements dont il lui sera de plus en plus difficile de sortir, d'autres facteurs, en particulier psychologiques, venant progressivement se greffer.

La clef du code

Le cadre individuel permet de s'adapter aux difficultés propres à l'enfant en le remettant au cœur du processus. Très souvent, une approche spécifique des mécanismes du déchiffrage s'avère nécessaire, s'appuyant sur l'association des sens pour faciliter la perception des phonèmes* et leur mise en correspondance avec les graphèmes*. La méthode phonético-gestuelle, créée par S. Borel-Maisonny (fondatrice de l'orthophonie en France), utilise des gestes évocateurs et les sensations articulatoires pour caractériser les phonèmes. La graphie « n » (vue), par exemple, est prononcée /n/ (audition) en même temps que l'on met deux doigts (geste représentant la lettre) à cheval sur le nez (sensation de l'air qui passe). L'aspect phonétique de la méthode favorise l'accès à la combinatoire en associant consonnes et voyelles. La « lecture en couleurs » mise au point par C. Gattegno recourt, quant à elle, au codage des couleurs. Celles-ci sont également utilisées pour différencier les syllabes dans la « lecture par imprégnation syllabique » proposée par D. Garnier-Lasek. Cette approche, s'adressant à l'origine aux enfants dysphasiques*, prend comme unité de départ la syllabe, mieux perçue par ces enfants en grande difficulté de langage oral.

En amont

Certaines approches s'appliquent à traiter des dysfonctionnements en amont. C'est le cas de méthodes audiophonatoires telles que la méthode sémiophonique d'I. Beller. Par l'écoute de sons modifiés, elle vise à restaurer des « *automatismes élémentaires du langage* » dont la perturbation serait à l'origine des troubles phonologiques. La méthode aphasiologique, que G. Gelbert pratique avec les sujets ayant des troubles de type aphasique*, s'intéresse également aux premières étapes de la constitution du langage oral et écrit (les « préalables* ») en fonction de leur défaillance.

D'autres pratiques

Selon les théories explicatives de la dyslexie, divers traitements sont proposés. L'hypothèse d'un déficit proprioceptif* – à l'origine d'un trouble de la posture et de la coordination oculo-manuelle – amène des praticiens à promouvoir le port de lunettes à prisme, accompagné d'une rééducation posturale et linguistique.

Les approches thérapeutiques utilisent des méthodes différentes selon les cas pour donner au sujet dyslexique les moyens de s'approprier les mécanismes de la langue écrite.

Les prises en charge (suite)

De façon variable selon les pathologies, les traitements cherchent à restaurer les fonctions déficientes et à développer des stratégies compensatoires.

Premier recul

Lire demande une mise en perspective – visuelle et auditive – des unités déchiffrées pour leur donner un sens. Au cours des traitements, si nécessaire, la poursuite oculaire sera mobilisée par des recherches de cible, l'utilisation de caches, de marquages visuels… La mémoire de travail* est également sollicitée afin de pouvoir garder en mémoire suffisamment d'éléments pour parvenir au sens, l'attention tendant à rester concentrée sur le déchiffrage d'un nombre trop restreint d'unités. L'évocation mentale, pratiquée par la « gestion mentale » (A. de La Garanderie), sollicite les représentations en mémoires visuelle et auditive : le mot « canard » pourra être vu et entendu intérieurement, en relation avec la compréhension du sens.

« Rien ne conduit plus inexorablement à l'insuccès que de comprendre les difficultés d'acquisition de la langue écrite en termes de défaut ou de manque, alors que la forme incorrecte est une production de l'enfant qui a une place dans son économie psychique. »
René Diatkine *in* Madeleine Van Waeyenberghe, *Langages et activités psychiques de l'enfant avec René Diatkine*, 2004.

L'apport de la morphologie

Une grande partie des mots sont composés de « morceaux de sens » ou morphèmes, qui donnent des indications complémentaires sur le sens du mot. « Ourson » se décompose en « ours » (l'animal) et en « on » (diminutif). L'enfant est sensibilisé de bonne heure à cet aspect du vocabulaire, ainsi qu'en témoigne son inventivité à l'oral lorsqu'il construit de nouveaux mots par analogie avec ceux qu'il connaît. Cet aspect morphologique favorise une réflexion sur le langage. Il est plus particulièrement sollicité par certaines méthodes telles que la méthode des associations (C. Chassagny) où un mot est le point de départ d'une série d'autres mots en fonction des associations (phonologiques et sémantiques) que chacun fait naître dans l'esprit du sujet : « canard » pourra entraîner « caneton », « mare », « bouée »...

Les rôles du contexte

Le mot s'intègre lui-même dans le contexte du groupe de mots et de la phrase. Le contexte peut être utilisé de deux manières selon le degré d'expertise du lecteur. Dans un premier temps, il aide le lecteur débutant à identifier les mots qu'il peine à déchiffrer. À mesure que la lecture devient plus experte, l'accès au lexique mental s'effectue par l'activation conjointe et automatique des représentations phonologiques et orthographiques, libérant ainsi l'attention au service de la compréhension du texte. Le contexte est alors sollicité différemment, au service des processus de « haut niveau ». Il permet d'activer dans la mémoire à long terme le domaine sémantique concerné et d'orienter la recherche de sens. Cette anticipation a un effet accélérateur, contrairement au ralentissement provoqué par le recours au contexte pour identifier les mots – la lecture étant alors laborieuse, le temps de deviner plus ou moins le terme à lire, puis de rectifier par des retours en arrière selon le sens de la phrase.

« M » ou « N » ?

La confusion du « M » et du « N » – fréquente du fait de leur proximité phonémique et graphémique – se prête particulièrement bien aux interprétations psychanalytiques de conflits entre « aime » et « haine ».

Des moyens compensatoires

Les sujets dyslexiques ont le plus souvent de bonnes capacités de compréhension, qu'ils utilisent spontanément pour tenter de pallier leurs difficultés de déchiffrage. Un certain nombre acquièrent ainsi une lecture fonctionnelle bien que toujours ralentie et incertaine. Les thérapies s'appuient sur ces capacités préservées en amenant le sujet à s'en servir de façon mieux adaptée. Le repérage d'indices pertinents, que ce soit sur le plan graphique (paragraphes, majuscules, ponctuation...) ou linguistique (données morphologiques, syntaxiques, grammaticales), est utilisé pour faciliter la lecture, de même que l'adoption de stratégies flexibles en fonction du genre d'écrit (journaux, romans...).

Le recours à des stratégies bien adaptées utilisant les capacités de compréhension du sujet dyslexique est une aide appréciable.

L'aide de l'entourage

Le rôle de la famille est fondamental, tant pour le soutien apporté à l'enfant que pour le relais instauré avec l'école.

Réactions négatives en chaîne

Les parents d'enfants dyslexiques sont démunis face à des difficultés qu'ils ont du mal à comprendre, eux-mêmes n'ayant généralement pas souvenir de leur apprentissage. Que faire face à cet enfant qui peine sur sa lecture après des mois, voire des années de fréquentation de l'écrit, alors que lire semble si simple? La réaction la plus fréquente consiste à multiplier l'entraînement. Un enchaînement de réactions négatives s'ensuit : l'enfant commence à manifester son malaise face à ce travail pénible et dévalorisant, les parents s'énervent face à ce qu'ils prennent pour de la mauvaise volonté et les relations s'enveniment autour de la lecture. La reconnaissance du trouble dyslexique et de ce que cela représente est alors primordiale, non pas pour enfermer l'enfant dans un diagnostic mais pour mettre en place des stratégies en conséquence.

Des compétences extrascolaires

Certaines méthodes telle *Sensonaime* (B. Sauvageot) privilégient le développement de la créativité des sujets dyslexiques. D'une manière générale, la pratique d'activités autres que scolaires (sportives, artistiques...) est pour l'enfant – et l'adulte – l'occasion d'exercer ses talents et de se sentir valorisé.

Un soutien sur mesure

La connaissance des spécificités du trouble amène toute la famille à adopter de nouvelles attitudes. Une aide soutenue est nécessaire de manière à ce que l'enfant ne décroche pas scolairement. Concernant la lecture, un entraînement régulier sera mis en place en accord avec le thérapeute. L'effort requis par la tâche rend nécessaire la pratique d'exercices courts et bien ciblés. Lui demander de lire de longs textes s'avère sans intérêt, risquant au contraire de le dégoûter de la lecture. Les lectures nécessaires aux différents apprentissages seront allégées afin qu'il puisse consacrer son attention à l'acquisition des connaissances. On pourra enregistrer un texte à apprendre, lire avec lui les consignes, l'inciter

à reformuler oralement. La compréhension du vocabulaire sera importante à vérifier, en particulier les termes de grammaire généralement vécus comme obscurs. On l'aidera à mettre en place des stratégies adaptées, telles des présentations claires, des visualisations par des schémas… Il ne s'agit pas de tout faire à sa place, mais de lui donner les moyens de devenir de plus en plus autonome. Connaître les caractéristiques du trouble permet de s'adapter au rythme lent de l'enfant dyslexique et de ne pas se sentir déstabilisé ou découragé devant la variabilité des productions, tant en lecture qu'en écriture.

L'école

Un partenariat avec l'école est indispensable et les échanges avec les enseignants (souvent à l'origine du dépistage de la dyslexie) permettent de mettre en place un soutien cohérent. « *Placer un élève devant, l'autoriser à moins prendre de notes, lui distribuer des photocopies du cours, lui relire les consignes écrites, simplifier les consignes et la présentation des exercices, adapter l'évaluation sont des gestes fondamentaux et largement utilisés. Pour autant, malgré la simplicité apparente, leur mise en œuvre réfléchie représente pour l'enseignant une sorte de "minirévolution" dans sa manière de concevoir la prise en charge de la difficulté scolaire dans le cadre de sa classe ordinaire* » (Anne Gombert et Jean-Yves Roussey, « L'intégration en classe ordinaire d'élèves souffrant de troubles spécifiques sévères du langage écrit : adaptations pédagogiques des enseignants de collège et de primaire », 2006). L'enfant peut ainsi se vivre dans sa différence et non dans l'exclusion. Concernant l'expression écrite, son évaluation demande l'adoption de critères différents, tenant compte du travail de l'enfant en dehors de son orthographe.

Les aménagements comme l'allégement des tâches de lecture permettent généralement à l'enfant dyslexique de suivre les apprentissages scolaires.

Vers une reconnaissance sociale

La prise en compte des répercussions de la dyslexie, actuellement reconnue comme un handicap, est à l'origine de la mise en place de mesures particulières.

Des aménagements

Tout au long de la scolarité, il est important de tenir informés les professeurs des troubles dyslexiques de l'enfant, afin de maintenir un soutien adapté. Les difficultés sont généralement persistantes et des aménagements restent nécessaires. Selon l'importance des troubles, différentes possibilités sont offertes, plus particulièrement depuis 2001-2002 où un plan d'action national, relatif aux troubles spécifiques du langage oral et écrit, a été engagé. Lorsque les difficultés scolaires ne sont pas trop importantes, des aides particulières peuvent être envisagées dans le cadre de RASED (réseaux d'aides spécialisées aux élèves en difficulté) ou d'un projet d'accueil individualisé (PAI). Quand les troubles sont plus invalidants, un projet personnalisé de scolarisation (PPS) est proposé depuis 2006, après que le handicap a été reconnu par la Maison départementale des personnes handicapées (MDPH). Le passage par cette étape n'est pas sans poser problème à certains parents qui ne souhaitent pas que leur enfant soit « étiqueté » handicapé. Ils craignent l'impact psychologique d'une appellation qui ne cesse de susciter des débats.

Un abus de langage ?

On entend très souvent qualifier de « dyslexiques » des interversions ou confusions de « lettres » faites à l'oral. Ce vocabulaire de l'écrit utilisé pour la parole évoque un oral qui serait conçu comme calqué sur l'écrit, justifiant ainsi cet « abus de langage ».

Une priorité à l'intégration

Les dispositions prises en 2005-2006 insistent sur la nécessité d'un partenariat entre les différents intervenants, coordonné par un enseignant référent. La priorité est donnée à l'accès aux connaissances, avec la mise en place de différents moyens – « *accom-*

pagnement thérapeutique ou rééducatif, attribution d'un auxiliaire de vie scolaire (AVS) ou de matériels pédagogiques adaptés » (Circulaire n° 2006-119) – en fonction des besoins de l'enfant. L'intégration dans une classe ordinaire est privilégiée. Lorsque les difficultés sont plus importantes, des classes d'intégration scolaire (CLIS) ou des unités pédagogiques d'intégration (UPI) en collège sont proposées dans le cadre de l'école. Certains enfants devront néanmoins être scolarisés dans un établissement spécialisé, si possible ponctuellement.

Concernant les examens, différents aménagements sont prévus pour faciliter leur passage, sans nécessiter la reconnaissance du handicap par la MDPH : un tiers-temps supplémentaire peut être accordé, ainsi que l'utilisation d'un ordinateur ou l'assistance d'une tierce personne.

À l'âge adulte

Un certain nombre de sujets dyslexiques compensent leurs difficultés et ne sont pas trop pénalisés à l'âge adulte par une lecture qui reste généralement plus lente. Les difficultés tendent à ressurgir dans les moments de « fragilité » (fatigue, anxiété…). D'autres continuent d'être très gênés. Ils vivent un véritable calvaire s'il leur faut lire à voix haute ou écrire sans aide, et deviennent experts en stratégies d'évitement.

Il arrive également que le diagnostic de dyslexie ne soit pas fait, ou seulement tardivement. Les répercussions sont d'autant plus importantes que des troubles psychologiques se sont greffés – majorés par l'absence de reconnaissance du trouble –, pouvant mener à l'illettrisme et à l'exclusion sociale. Lors d'une étude réalisée auprès de jeunes adultes de 16-25 ans ayant des problèmes d'insertion sociale et professionnelle, sur les 35 % des sujets en grande difficulté de lecture, un sur deux présentait des caractéristiques de la dyslexie, soit 17 % de la population étudiée.

À tout âge

La dyslexie est souvent conçue comme n'existant que chez l'enfant, or sa reconnaissance chez l'adulte s'avère importante, tant sur le plan personnel que professionnel. Une prise en charge thérapeutique reste indiquée, d'autant plus que l'adulte dyslexique se montre particulièrement motivé.

La collaboration entre les différents intervenants (enseignants, thérapeutes et parents) favorise l'intégration des enfants dyslexiques, leur évitant le risque d'une exclusion sociale.

Les associations

Depuis une vingtaine d'années, plusieurs associations ont été créées, généralement à l'initiative de parents d'enfants dyslexiques.

Un soutien aux familles

Les associations sont souvent nées sous l'impulsion de parents, à la suite d'un parcours difficile avec leur enfant dyslexique. La publication en 1981 du livre *Les Malheurs d'un enfant dyslexique* – témoignage d'une mère, G. Plantier, sur les difficultés rencontrées quotidiennement par l'enfant dyslexique et son entourage – est suivie l'année suivante par la création de l'Association de parents d'enfants en difficulté d'apprentissage (APEDA). Un des premiers objectifs de l'association était de faire reconnaître la spécificité du trouble, alors particulièrement mal connu, de manière à ce qu'il ne soit plus assimilé à un manque d'intelligence ou à la paresse, comme cela était fréquemment entendu. Les conceptions ont bien évolué, en particulier grâce à l'action associative, mais les familles restent souvent démunies face aux difficultés de leurs enfants. Les associations, qui se sont depuis multipliées, représentent un soutien important par les informations qu'elles fournissent, les conseils sur l'aide à apporter à un enfant dyslexique et les indications quant aux démarches envisageables. Ce sont également des lieux d'échanges où les différentes expériences sont partagées.

Des aides informatiques

Le développement des technologies informatiques met à la disposition des sujets dysorthographiques de nouveaux moyens leur permettant d'écrire plus facilement : logiciels par reconnaissance vocale, correcteurs orthographiques... Des informations sont données par les associations.

Une action

L'APEDA a pris progressivement de l'ampleur et une cinquantaine de délégations régionales ou départementales se sont constituées, regroupées sous le nom d'APEDYS, la fédération des Associations de parents d'enfants dyslexiques, parallèlement à d'autres associations qui ont également vu le jour. Le nombre grandissant des adhérents leur a permis de se faire davantage entendre. De nombreuses actions sont régulièrement entreprises auprès des pouvoirs publics et de l'opinion, contribuant largement à leur sensibilisation au cours des dernières années. Le travail en partenariat avec les ministères de l'Éducation nationale et de la Santé a permis une réelle reconnaissance de la dyslexie – ainsi que de la dysphasie* – comme trouble spécifique, suivie d'un ensemble des mesures prises depuis 2001 afin de favoriser l'intégration et l'accès aux apprentissages scolaires.

L'action des associations de parents vise à la fois une meilleure prévention du trouble et la mise en place de mesures adaptées, ainsi qu'une meilleure formation des professionnels concernés. Un certain nombre d'enseignants et de soignants sont également membres de ces associations.

Des associations

APEDA : www.ifrance.com/apeda
APEDYS : www.apedys.org
CORIDYS : www.coridys.asso.fr
Les autres associations (nationales et internationales) pourront être retrouvées à partir de ces différents sites, de même que les références des sites officiels concernant les démarches à effectuer.

La recherche

D'autres associations concernent plus spécifiquement la recherche. La création en 1994 de l'association CORIDYS (Coordination des intervenants auprès des personnes souffrant de dysfonctionnements neuropsychologiques*) « *répond à la nécessité de compléter l'action des associations de parents d'enfants dyslexiques et dysphasiques, en cherchant à construire un organisme capable de décloisonner le monde professionnel et en élargissant le champ d'intervention à tous les troubles neuropsychologiques* ». En dehors de ces associations qui cherchent à regrouper différents domaines de recherche, d'autres sont créées afin de faire connaître des méthodes de remédiation plus particulières. Le nombre d'associations existantes témoigne de la dynamique actuelle autour du problème de la dyslexie.

L'action des différentes associations existant en France et à l'étranger contribue au changement de regard sur la dyslexie et à la prise en compte de sa spécificité.

Schéma

Les deux voies de lecture

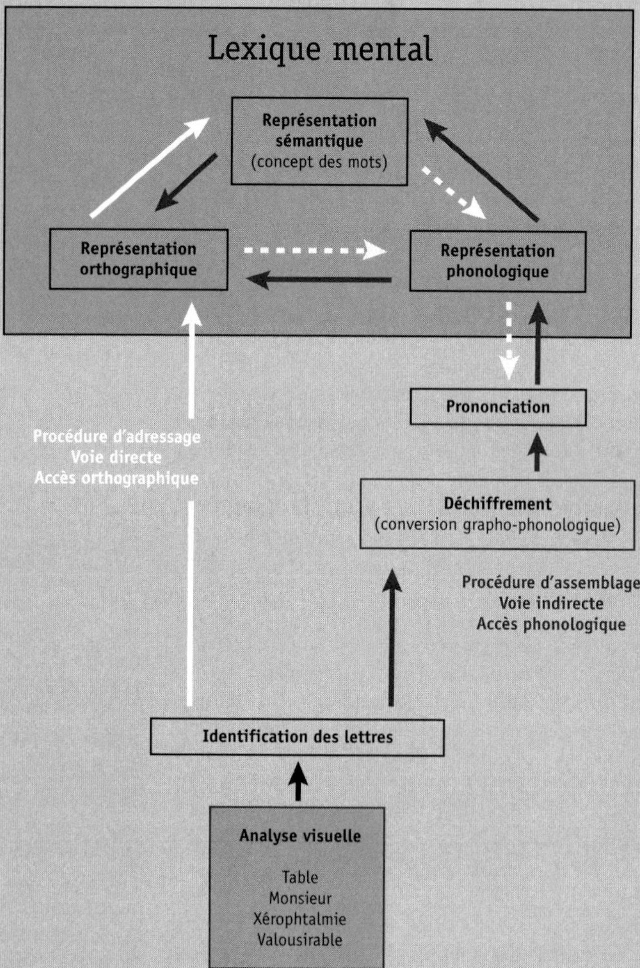

Source : d'après Anne Gombert,
« Troubles spécifiques du langage écrit ou encore dyslexies/dysorthographies », 2003.

Glossaire

Alexie : trouble acquis du langage écrit, à la suite, par exemple, d'un accident vasculaire cérébral. Elle se distingue de la dyslexie, trouble développemental perturbant la mise en place du langage écrit chez l'enfant.

Alphabétique (langue) : système linguistique dont l'unité de base est la lettre (et non la syllabe ou le mot comme dans d'autres systèmes). Le principe alphabétique repose sur la mise en correspondance des unités de la langue écrite (les graphèmes*) avec celles de la langue orale (les phonèmes*).

Aphasie : trouble acquis du langage oral dû à une atteinte cérébrale. Les troubles dits « de type aphasique » font état de perturbations similaires en l'absence de lésions.

Cécité verbale : trouble affectant uniquement la perception des signes écrits à valeur linguistique, sans perturbation de l'acuité visuelle.

Cervelet : partie de l'encéphale située à la base du crâne, intervenant dans le contrôle de la motricité.

Cognitives (fonctions) : processus mentaux à la base des activités intellectuelles, comprenant plus particulièrement le langage, la mémoire, l'attention, le raisonnement. Les sciences cognitives étudient les processus d'acquisition de ces fonctions.

Conscience phonémique : *voir* « conscience phonologique ».

Conscience phonologique : capacité à isoler et manipuler les unités non signifiantes de la parole : syllabes, rimes et phonèmes*. La conscience phonémique concerne spécifiquement les phonèmes.

Dyscalculie : trouble de l'apprentissage en mathématiques, dysfonctionnement concernant les nombres et la logique.

Dysgraphie : difficulté affectant l'aspect formel de l'écriture.

Dyslexie de développement / acquise : troubles apparaissant au cours de l'acquisition / après acquisition du langage écrit.

Dyslexie de surface : altération de la voie lexicale (d'adressage*) de la lecture, se traduisant par une difficulté particulière à lire les mots irréguliers (« femme »).

Dyslexie phonologique : altération de la voie d'analyse (d'assemblage*) se traduisant par une difficulté à déchiffrer.

Dyslexie visuo-attentionnelle : trouble de l'analyse visuelle des mots en relation avec un déficit attentionnel.

Dysorthographie : troubles de l'acquisition de l'orthographe.

Dysphasie : trouble grave du développement du langage oral sans cause apparente, se traduisant par des altérations durables.

Dyspraxie : dysfonctionnement concernant les praxies qui sont des fonctions cognitives* permettant la gestion de gestes finalisés tels que se coiffer ou tracer des lettres. L'absence d'automatisation entraîne un effort d'attention constant, particulièrement fatigant.

Ergothérapie : profession paramédicale visant à redonner une autonomie maximale au sujet présentant un handicap, en agissant à la fois sur ses capacités et sur l'adaptation de son environnement.

Graphème : lettre ou groupe de lettres (« ch », « eau »…) correspondant à un phonème* de la langue orale.

Gyrus angulaire : circonvolution cérébrale, généralement plus développée dans l'hémisphère gauche, jouant un rôle de passerelle entre la reconnaissance visuelle des mots et les autres zones langagières.

Imagerie cérébrale : ensemble des techniques d'exploration permettant de visualiser le cerveau et de l'observer en cours d'activité.

Glossaire (suite)

Lecteur expert : qui a acquis l'automatisation des mécanismes de la lecture.

Mémoire de travail : mémoire qui permet de retenir et de manipuler des informations pendant un temps limité.

Neuropsychologie : science qui étudie le comportement du cerveau et ses dysfonctionnements, en relation avec les structures anatomophysiologiques.

Orthoptie : profession paramédicale visant à rééduquer les déséquilibres oculomoteurs et des troubles de la vision binoculaire.

Phonème : plus petite unité (dépourvue de signification) de la langue parlée. Bien qu'issues des sons, ce sont des unités abstraites à fonction distinctive : /par/ est différent de /bar/. Leur prononciation peut varier en fonction de l'environnement, variations prises en compte par la phonétique qui étudie les caractères physiques des sons.

Phonographique / sémiographique : manière de représenter par écrit les sons de la parole / moyens visant à représenter le sens sans relation avec l'oral. Les deux procédés sont complémentaires, selon un équilibre différent en fonction des langues.

Planum temporale : région située en arrière du cortex auditif, généralement plus volumineuse du côté gauche, en relation avec son rôle dans le langage.

Préalables : dans le cadre des troubles de type aphasique*, les « préalables » sont définis comme des verrous dont la levée conditionne l'accès aux langages oral et écrit. Le préalable gestuel, par exemple, consiste en la saisie par le sujet de la possibilité d'utiliser la main pour représenter quelque chose ; le préalable bucco-phonatoire, celle d'utiliser la bouche pour parler ; le préalable graphique, celle d'utiliser le tracé pour écrire…

Proprioceptif : concerne les sensations internes des mouvements et de la position du corps.

Prosodie : ensemble des caractères mélodiques de la parole (intonation, accentuation, rythme…).

Psychomotricité : profession paramédicale visant à rétablir un meilleur équilibre entre les fonctions cognitives*, affectives et motrices du sujet en relation avec son environnement, grâce à la relaxation, à un travail corporel par rapport à l'espace…

Sémiographique : *voir* « phonographique ».

Voie d'assemblage / d'adressage : procédure de déchiffrage / d'accès direct au lexique sans passer par le déchiffrage. Elles correspondent au stade alphabétique / orthographique.

Bibliographie

BENTOLILA (Alain) (sous la dir. de), *Les Entretiens Nathan*, Nathan. Publications d'actes de colloques sur la lecture.

BILLARD (Catherine), TOUZIN (Monique) (sous la dir. de), *Troubles spécifiques des apprentissages : l'état des connaissances*, Signes.ed, 2004.

BONNAFÉ (Marie), *Les livres, c'est bon pour les bébés*, Hachette littératures, 2003. Écrit par une psychanalyste à partir d'ateliers de lecture pour de jeunes enfants (association ACCES avec R. Diatkine).

CAVALLO (Guglielmo), CHARTIER (Roger) (sous la dir. de), *Histoire de la lecture dans le monde occidental*, Seuil, 2001.

CHAUVEAU (Gérard) (sous la dir. de), *Comprendre l'enfant apprenti lecteur : recherches actuelles en psychologie de l'écrit*, Retz, 2003.

CHOKRON (Sylvie), MARENDAZ (Christian), *Comment voyons-nous?*, Le Pommier, 2005.

COLÉ (Pascale), DAVID (Daniel), VALDOIS (Sylviane), *Apprentissage de la lecture et dyslexies développementales*, Solal, 2004.

DANSETTE (Geneviève), PLAZA (Monique) (sous la dir. de), *Dyslexie : dépistage à l'école, au quotidien, conseils pratiques*, Josette Lyon, 2004.
Ouvrage collectif réalisé par l'APEDYS.

DAVID (Jacques), PLANE (Sylvie) (sous la dir. de), *L'Apprentissage de l'écriture de l'école au collège*, PUF, 1996.

DIATKINE (René), « Lectures et développement psychique » *in Perspectives psychiatriques*, n° 48, 1995.

DUMONT (Annie), *Réponses à vos questions sur la dyslexie : reconnaître la dyslexie et aider l'enfant à la surmonter*, Pocket, 2005.

FERREIRO (Emilia), *L'Écriture avant la lettre*, Hachette, 2000.
Ouvrage d'une psychologue sur les productions écrites des jeunes enfants.

FIJALKOW (Jacques) (sous la dir. de), *L'Entrée dans l'écrit*, Presses universitaires du Mirail, 1996.

GELBERT (Gisèle), *Lire, c'est vivre*, Odile Jacob, 1996.
Une approche théorique et clinique de la neurologue à l'origine des « troubles de type aphasique ».

GOLDER (Caroline), GAONAC'H (Daniel), *Lire et comprendre : psychologie de la lecture*, Hachette, 2004.
Une approche en psychologie cognitive dans une optique pédagogique.

GOMBERT (Jean-Émile), *Le Développement métalinguistique*, PUF, 1990.

GUILLOU (Sophie), *Comment va-t-il apprendre à lire? Itinéraire d'un apprenti lecteur*, Milan, 2003.

HABIB (Michel), *Dyslexie : le cerveau singulier*, Solal, 1997.
Une approche neuropsychologique détaillée.

JAFFRÉ (Jean-Pierre), SPRENGER-CHAROLLES (Liliane), FAYOL (Michel), *Lecture-écriture : acquisition. Les Actes de la Villette*, Nathan, 1993.

MANGUEL (Alberto), *Une histoire de la lecture*, Actes Sud, 2000.

MORAIS (José), *L'Art de lire*, Odile Jacob, 1999.

OUZILOU (Colette), *Dyslexie : une vraie-fausse épidémie*, Presses de la Renaissance, 2001.

PERFETTI (Charles A.), RIEBEN (Laurence) (sous la dir. de), *L'Apprenti lecteur : recherches empiriques et implications pédagogiques*, Delachaux et Niestlé, 1997.

POMMIER (Gérard), *Naissance et renaissance de l'écriture*, PUF, 1993.
La genèse de l'écriture dans une perspective psychanalytique.

PRÉNERON (Christiane), MELJAC (Claire), NETCHINE (Serge) (sous la dir. de), *Des enfants hors du lire*, Bayard, 1994.
Étude multidisciplinaire menée à l'hôpital Sainte-Anne (Dr Bergès).

SPRENGER-CHAROLLES (Liliane), COLÉ (Pascale), *Lecture et dyslexie : approche cognitive*, Dunod, 2006.

VAN HOUT (Anne), ESTIENNE (Françoise), *Les Dyslexies : décrire, évaluer, expliquer, traiter*, Masson, 2001.

VAN WAEYENBERGHE (Madeleine), *Langages et activités psychiques de l'enfant avec René Diatkine*, Papyrus, 2004.

Logiciel :
Play-on : jeu d'entraînement à la lecture créé par Laurent Danon-Boileau (linguiste) et Denis Barbier (informaticien) en collaboration avec des orthophonistes.

Index

Le numéro de renvoi correspond à la double page.

Suivi éditorial
Sophie Boizard
Correction-Révision
Claire Debout
Maquette - Infographie
Catherine Duguet
Couverture
Bruno Douin

Illustrations
Jérôme Sié

Remerciements
Merci à Marie-Françoise Bresson, Jean-Pierre Jaffré et Michel Paperman pour leur lecture attentive.

ISBN : 978-2-7459-2681-4
D. L. septembre 2007
Aubin Imprimeur, 86240 Ligugé
Imprimé en France